LEADERS DU TROISIÈME TYPE

Groupe Eyrolles
61, bd Saint-Germain
75240 Paris Cedex 05

www.editions-eyrolles.com

Mise en pages et Infographies : STDI

© Groupe Eyrolles, 2016
ISBN : 978-2-212-56375-7

Gérald Karsenti
Illustrations de Clod

LEADERS DU TROISIÈME TYPE

Pour redonner du sens à notre engagement

EYROLLES

À Françoise,
Pour son soutien de tous les instants.

SOMMAIRE

Prologue 9

Chapitre 1 > La grande mutation 17

Chapitre 2 > Fin de règne des narcissiques ? 43

**Chapitre 3 > Le narcissique augmenté ou
comment faire évoluer un caractère dominant ?** ... 87

**Chapitre 4 > Il était une fois la révolution 2.0 :
émergence des leaders du troisième type** 115

Conclusion 165

Bibliographie 167

Index 169

« *NON SIRE, CE N'EST PAS UNE RÉVOLTE, C'EST UNE RÉVOLUTION* »

Telle fut la réponse que François XII de La Rochefoucauld, duc de Liancourt, fit à Louis XVI qui le questionnait au lendemain de la prise de la Bastille par le peuple de Paris. Elle m'est spontanément venue à l'esprit alors que je commençais la rédaction de cet ouvrage. Depuis deux décennies, nous sommes tous les témoins d'un changement de monde. Jamais auparavant nous n'avions été dans la position de voir la société se transformer du tout au tout. Il ne s'agit pas d'une petite secousse sismique, mais plutôt d'un séisme de très forte magnitude. De quoi nous effrayer ou au contraire nous stimuler. Car de ce choc sans précédent un univers nouveau va surgir, une transfiguration de la société telle que nous la connaissons aujourd'hui. Elle va être percutée dans toutes ses dimensions. Tous les secteurs d'activité vont être concernés. Tous les métiers vont connaître une redéfinition de leurs contours. Nombre d'entre eux vont du reste totalement disparaître pour laisser place à de nouvelles tâches qu'il faudra assumer d'une façon totalement différente. Nous assistons en réalité à une réinvention de notre monde.

Louis XVI ou le duc ?

Alors sommes-nous plus proches du roi Louis XVI ou du duc de Liancourt ? Par naïveté ou par inconscience, allons-nous demander comme le fit le souverain « *est-ce une révolte ?* » ou au contraire percevoir que la criticité de la situation exige une réaction immédiate ? Dans quelle société serions-nous aujourd'hui si le roi avait perçu avec plus de lucidité que le monde était en train de s'écrouler sous ses pieds ? Difficile à dire, mais face à une action énergique de sa part, le cours des événements aurait peut-être été inversé. Il ne prit cependant pas conscience de la gravité des faits avec la vélocité requise dans de telles circonstances. Mal entouré, il n'eut pas non plus la clairvoyance de se forger une opinion personnelle. Il se laissa porter par la fureur du torrent sans jamais pouvoir se raccrocher à une branche. Savoir distinguer les faits critiques du brouhaha quotidien, faire preuve de discernement et de courage sont quelques-unes des qualités requises pour diriger. Nous connaissons la suite, le duc de Liancourt fonda en 1818 la Caisse d'Épargne et de Prévoyance de Paris – après avoir créé auparavant la fameuse ferme modèle de Liancourt et l'École des Arts et Métiers – alors que le roi connut un destin un peu plus tragique.

Rester maître de son destin

L'anticipation reste sans doute un facteur clé de succès. Capter les signaux avant les autres a toujours constitué dans l'histoire des hommes un moyen de se différencier et de survivre. Pourtant, l'exercice est beaucoup plus complexe qu'il n'y paraît, tant nous aimons protéger nos acquis. Une situation florissante mais figée depuis longtemps devrait alerter le dirigeant avisé. Or nous réagissons plutôt lorsque les signes avant-coureurs d'une crise sont là, bien visibles par tous et que le *statu quo* n'est plus de mise. Il est parfois trop tard. Ce fut le cas en 2008. La crise nous a littéralement pris de court. Nous n'étions pas préparés. Pire, nous pensions que nous étions invulnérables. Excès d'arrogance ? Manque de lucidité ? Manipulation de certains maîtres du monde ? Il y a certainement un peu de tout cela, ne soyons pas dupes. Je me souviens du matin du 15 septembre 2008, quand la presse a titré sur la faillite de la banque d'affaires Lehman Brothers[1]. Tout un symbole venait de disparaître et avec lui beaucoup de nos convictions.

Nous venions d'entrer dans une sévère dépression comme le monde n'en avait plus connu depuis 1929. Nous aurions pu réagir un an plus tôt, quand certains s'inquiétaient des engagements pris sur les *subprimes*[2] ou à l'automne 2006, lorsque la hausse des prix de l'immobilier aux États-Unis avait connu un ralentissement alarmant, entraînant les premières faillites d'établissements de crédit. Ces alertes étaient en réalité l'équivalent de la prise de la Bastille. Et comme Louis XVI, la planète prit connaissance de ces désordres sans prendre immédiatement conscience de leur sérieux.

---

1 Institution financière américaine dont le siège était à New York. Faute de repreneurs, cette icône de la finance post-guerre a fait officiellement faillite en septembre 2008 suite à la crise financière née du scandale des « *subprimes* ». La chute de cette institution fut sans doute psychologiquement l'un des points d'accélération de la crise mondiale.
2 Prêts hypothécaires à risque émis sur le marché américain.

Par sa force et sa soudaineté, la rupture qui se profile par étapes depuis lors correspond à un bouleversement sans équivalent à ce jour. Elle est venue ébranler les structures même d'un édifice que nous pensions solide et dont la gouvernance nous paraissait irréprochable sur le plan de l'éthique. Ces erreurs d'appréciation allaient nous coûter cher. L'Europe est en réalité confrontée à la faillite d'un système. Dans l'Antiquité ou au Moyen Âge, les mutations se déroulaient sur plusieurs siècles. Aujourd'hui, du fait du progrès technique, l'échelle du temps s'est brusquement raccourcie. Jour après jour, nous mesurons l'ampleur de son impact. On parle aujourd'hui de villes intelligentes, d'hôpitaux numériques ou d'écoles de nouvelle génération. L'innovation disruptive modifie le cours de notre existence, notre façon de réfléchir, de communiquer, d'interagir avec les autres, de diriger, de gouverner et plus insidieusement de penser. Elle apporte indéniablement un bien-être et un confort de vie, mais entraîne également de multiples questionnements, tous légitimes, sur l'éthique, les limites que nous devons mettre à nos recherches, car l'homme est aussi capable du pire, comme nous le savons. Avec le temps, force est de constater que nous sommes devenus plus malléables, plus dociles, moins exigeants. Pour être de nouveau maîtres de notre destin et ne plus subir, nous devons passer du statut d'observateur à celui d'acteur du changement.

L'exemple de Diderot et d'Alembert

Au milieu du XVIIIe siècle, l'éditeur parisien André Le Breton – obtenant de Louis XV le droit exclusif de traduire en français une encyclopédie anglaise parue en 1728 – confie le projet à Jean le Rond d'Alembert et Denis Diderot. Voici un extrait du prospectus publicitaire paru en 1750 : « *Il faut tout examiner, tout remuer sans exception et sans ménagement. Il faut fouler aux pieds toutes ces vieilles puérilités, renverser les barrières que la raison n'aura point posées.* » Un texte qui pourrait être signé par les fondateurs de Facebook, d'Airbnb ou de Booking.com. En venant titiller des acteurs établis jusqu'à les faire vaciller, ces derniers ne sont en effet pas très loin de l'objectif des deux intellectuels : démocratiser le savoir et inciter les hommes à réfléchir par eux-mêmes en s'affranchissant de l'emprise des pouvoirs en place. Les Lumières peuvent nous en apprendre beaucoup sur le monde d'aujourd'hui et nous pouvons aisément nous inspirer des deux encyclopédistes.

Il est temps de prendre conscience que de nouvelles pages de l'histoire humaine sont en train de s'écrire à une vitesse vertigineuse. En un peu plus d'un siècle, le monde agricole a explosé, l'espérance de vie a presque doublé et les technologies de l'information nous ont percuté, modifiant notre façon de conduire les affaires, d'enseigner, de soigner, d'informer ou de se divertir. Tout est repensé, de l'industrie du disque au monde de l'enseignement, en passant par les maisons d'édition et la presse. Nous sommes interpellés par le monde que nous avons créé. Chaque jour, 8 000 milliards de dollars sont échangés dans le monde. Une transaction financière peut être réalisée en moins de cinq cents microsecondes, la fréquence de passages d'ordres peut atteindre jusqu'à mille transactions par seconde. Ces chiffres donnent le tournis, changent notre référentiel au temps et ont au final de quoi inquiéter. Grâce au numérique, des sommes considérables changent de mains en un clic, traduction de notre maîtrise technologique. Si la finance en a certainement tiré profit – moins d'intermédiations en particulier –, il n'en a pas été de même pour l'économie réelle. Les deux sphères se sont peu à peu éloignées l'une de l'autre, les bourses pouvant grimper allégrement alors que des indicateurs aussi fondamentaux que le taux de chômage et la confiance des ménages sont au rouge. C'est presque impossible à expliquer aux profanes.

▰▰▰ Redonner du sens à notre engagement

On se dit naturellement que le monde ne peut pas aller aussi mal sans qu'il y ait un ou des coupables. En réalité, les dénicher relève de la gageure, tant tous les acteurs se renvoient la balle. Tout le monde est un peu responsable et donc au final personne ne l'est vraiment. Cependant nous sentons bien qu'il nous faut redonner du sens à notre action, à notre engagement, retrouver un nouveau souffle pour guider nos pas et définir une nouvelle vision directionnelle. Le chantier qui attend les prochaines générations n'est rien moins qu'une vaste reconstruction. Et il ne faudrait pas tarder du reste, car nous savons tous malheureusement comment se terminent ces phases d'atermoiement où l'on accumule des déséquilibres sur de très longues périodes. Guerres, dictatures et dérives extrémistes sont souvent au rendez-vous. Un peu partout, des clivages se forment, d'un côté les riches exploiteurs, de l'autre les pauvres assistés. On ne se comprend plus, on ne se parle plus, ce qui est assez paradoxal pour un monde gouverné par les communicants et envahi par les réseaux sociaux ! Nous devons sortir de la crise, de façon réfléchie. Il faut arrêter de poser des rustines sur une vieille chambre à air, mais plutôt nous réinventer et poser les bases d'un nouveau modèle sociétal. Mais que veut-on au juste ? Nous voulons des entreprises plus respectueuses des hommes, de l'environnement et de la diversité, des gouvernements davantage concernés par le bien-être de leurs concitoyens que par leur réélection à venir, plus d'efforts collectifs, un meilleur équilibre entre vie privée et vie professionnelle, un retour à des valeurs de base, à la nature et à une consommation plus saine. Une question nous vient alors à l'esprit : le problème ne serait-il pas lié au profil même des leaders actuels ?

▰▰▰ Les narcissiques sous pression

Les dirigeants d'aujourd'hui agissent presque toujours sous la pression et dans l'urgence. Les actionnaires, les marchés, les médias ainsi que divers lobbys gardent l'œil sur eux. Ces contraintes les poussent à se concentrer sur les résultats de court terme au lieu de travailler sur le fond. On ne leur en laisse généralement pas le temps et peu d'entre eux acceptent de prendre le risque de dévier de ce que l'on attend d'eux. Il y en a néanmoins, comme le fondateur de Starbucks, Howard Schultz, revenu aux affaires en 2008 pour relancer son entreprise, sans pour autant « vendre son âme ». Dans un chapitre qui lui sera consacré, nous verrons ce qu'il entend par là.

Quoi qu'il en soit, confrontés au choc numérique et à une disruption frontale venue de nouveaux acteurs, les dirigeants de « l'économie traditionnelle » ont du mal à s'adapter à la nouvelle donne. Les politiques sont quant à eux sous la pression des urnes et des revendications sociales. Comment réformer dans la sérénité et en toute indépendance dans ces conditions ? Pour diriger avec discernement, il faut en premier lieu sortir des carcans qui nous emprisonnent et retrouver ainsi une forme de liberté. Cela paraît logique et pourtant de nombreux dirigeants en poste n'y parviennent pas ou plus. C'est sur le campus d'Oxford que j'en ai compris la raison. Nous sommes dirigés essentiellement par des **narcissiques dominants ou purs** qui ne sont plus adaptés au monde de demain. Nous en découvrirons les raisons et surtout ferons connaissance avec une nouvelle génération de dirigeants qui s'apprête à prendre les commandes du monde : **les leaders du troisième type**. Ce sont les nouveaux révolutionnaires. Des **révolutionnaires 2.0** !

Révolutionnaires 2.0 : à l'assaut de la bastille narcissique !

Les révolutionnaires ont toujours existé. Depuis la Genèse, des leaders ont surgi pour refuser les diktats, l'injustice, la privation de liberté et guider les peuples vers d'autres horizons. En Russie, aux États-Unis et bien sûr en France, les révolutionnaires ont inspiré le monde en posant de nouvelles règles du jeu. Le printemps arabe en est une illustration. Moments historiques où souffle un vent nouveau. La révolution 2.0 est moins physique. Elle est le produit de l'explosion digitale qui vient donner des ailes à des entrepreneurs, des dirigeants, des intellectuels, tous ceux en réalité qui n'acceptent plus de rester figés. Ces individus – qui évoluent dans des secteurs très différents – refusent donc toute forme de *statu quo* et rien ne semble pouvoir les arrêter.

Les élites en poste nous ont conduits dans une impasse, un univers fissuré, sous perfusion. Nous avons certes connu des décennies de croissance soutenue, mais c'était en anticipation du futur. Sans en prendre toujours conscience, nous avons puisé dans les ressources de nos enfants en vivant très au-dessus de nos moyens, hypothéquant une grande partie de leur avenir. Pour en sortir, nous aurons besoin à terme d'un renouvellement des générations. Car pour un dirigeant, changer n'est pas facile. Nous avons tous une tendance naturelle à répliquer des schémas que nous connaissons bien et qui ont fonctionné précédemment. Mais cette fois, les transformations à opérer sont trop importantes et exigent un regard différent. Cette mutation que nous pressentons se fera par étapes, mais elle est inéluctable.

Notre société a généré de nombreux profils narcissiques qui ont soif de pouvoir. Leur *ego* est la plupart du temps totalement démesuré. Talentueux, inspirants, ils sont presque toujours parvenus à prendre les rênes du pouvoir, apportant au cours des siècles de magnifiques contributions à l'humanité. Mais ils sont aussi sujets à des débordements fâcheux, devenant alors totalement incontrôlables.

Les révolutionnaires 2.0 — ou leaders du troisième type — vont également ment permettre la mutation des narcissiques dominants actuellement au pouvoir afin qu'ils s'adaptent aux challenges actuels et à venir.

Naissance du leader de demain

Dès lors, je me suis questionné sur le profil des leaders de demain. La réponse ne peut être simple face à la complexité de notre société actuelle. Ma double casquette de dirigeant et d'enseignant me permet sans doute de porter un regard différent sur l'évolution du monde et du leadership. Les chapitres de cet ouvrage visent à guider le lecteur dans cet univers en pleine mutation, à lui faire découvrir le royaume des narcissiques pour mieux en cerner les limites, à prendre conscience de l'importance du rôle de ces révolutionnaires 2.0 et à voir se dessiner peu à peu les contours du leader de demain.

Ces parties seront entrecoupées d'onglets, intitulés « Zoom arrière », « Prise de conscience » et « Conviction ». Le premier permettra d'illustrer nos propos avec des cas réels, ceux de personnages historiques. Le deuxième fera état d'expériences vécues qui ont profondément modifié ma vision du monde, ma façon d'être et de diriger. Enfin, le troisième me conduira à poser les bases de ma vision pour le leadership du futur.

Sans plus attendre, faisons connaissance avec le leader du troisième type.

Chapitre 1

LA GRANDE MUTATION

Nous vivons une période unique. Le progrès technologique — notamment dans le domaine du numérique — est exponentiel. « *Le XXIe siècle sera l'équivalent en termes d'innovation de trois XXe siècles.* »[1] Nous repoussons constamment les frontières de l'impossible. De nombreux dirigeants peinent à suivre la cadence et décrochent. Au niveau d'une entreprise ou d'un pays, les conséquences de cette déconnexion peuvent être dramatiques. Est-ce irrémédiable ? Pas forcément. Cela dépend de ce que nous allons faire. Une chose est certaine, il y a urgence.

Le péril de l'ubérisation

Un mouvement radical

Le déclin d'une partie des dirigeants en poste ne date pas d'hier. Il s'est matérialisé en trois décennies environ. Il aura fallu plusieurs vagues d'innovation – des premiers ordinateurs au milieu des années 1980 à la révolution digitale que nous connaissons aujourd'hui – pour qu'il s'impose à tous comme une évidence. S'ils s'avèrent généralement brillants, intelligents, pragmatiques, formés dans les meilleures institutions mondiales, les dirigeants se révèlent également incapables de décrypter la société actuelle et d'accompagner les mutations en cours. Est-ce une question de génération ? En partie seulement. Nous verrons que c'est un peu plus complexe que cela. À ce stade, nous pouvons seulement dire que les baby boomers et la génération X ne sont pas nés une tablette à la main et qu'ils n'ont pas passé leurs jeunes années derrière un écran. Le digital n'est pas inné pour la grande majorité de nos dirigeants. Ils ont dû l'apprivoiser, se l'approprier et vivre avec. Ils n'ont pas été préparés à gérer l'imprévisible, l'impensable, les volte-face incessantes, les ruptures inattendues, parfois brutales, ainsi que la concurrence surgie de nulle part, ni à agir dans la

---

1 Ray Kurzweil, futurologue, entrepreneur et théoricien du transhumanisme et de la singularité technologique.

vitesse de façon permanente. Ils ont été éduqués pour analyser des situations plus ou moins figées, pour les décortiquer, pour peser le pour et le contre de façon logique, en prenant le temps nécessaire, pour aboutir à la solution la plus rationnelle qui soit.

Pourtant le monde ne fonctionne plus ainsi. Tout va désormais très vite, tout est déstructuré et mouvant, un acquis peut être remis en cause en un clin d'œil, une position dominante « challengée » par un nouvel entrant. De là est née la formule « *se faire ubériser* »[1]. L'expression vient de la société californienne Uber qui développe et exploite des applications mobiles de mise en contact d'individus à la recherche d'un moyen de transport urbain avec des conducteurs de véhicules de tourisme. Accusée de concurrence déloyale, Uber a pourtant révolutionné le monde du transport de personnes, notamment celui des taxis. Il faut dire que ces derniers ont généralement dû s'acquitter d'une licence qui leur a coûté très cher. Pour autant, personne n'avait anticipé un tel mouvement. Et ce dernier est tellement radical qu'il s'est mû en concept, en formule toute faite. On craint de se réveiller un matin en découvrant qu'un inconnu s'est installé à notre place, sans crier gare, modifiant les règles du jeu et proposant un modèle économique inédit, novateur, en rupture avec l'existant. Cet inconnu fait partie de ce que nous pourrions appeler « les nouveaux prédateurs ». La couverture de l'édition de juin 2015 du magazine *L'Expansion* reflète parfaitement le climat ambiant : « L'invasion des barbares – Comment ils sont en train de dynamiter tous les pans de l'économie – Quels secteurs seront ubérisés – La contre-attaque des vieux monopoles ». C'est bien l'état d'esprit qui règne un peu partout, même s'il convient d'être prudent sur la lecture que nous pouvons en faire. Certes, de prime abord, on pense au cliché de la horde sauvage. La réalité est pourtant tout autre.

Instantanéité, dématérialisation, désintermédiation

Ces « barbares » sont en réalité des défricheurs, des générateurs de valeur. Ils observent le monde – le regard digital – et cherchent des idées en rupture qui peuvent changer la vie des individus et parfois transformer la société. Ils n'ont aucun interdit, s'autorisent à tout remettre en cause, même ce que certains présentent comme des vérités intangibles. Tous les actes de la vie quotidienne sont révisés, repensés pour la rendre plus

---

1 On l'attribue à Maurice Lévy, président de Publicis.

efficace, plus agréable. Tout le monde devrait en tirer profit, à l'exception peut-être de celles et ceux qui ne sauront pas s'adapter. Dès que l'un de ces défricheurs trouve une faille, il ne se pose aucune question, lance sa start-up, attire des fonds et investit sans compter. Le modèle est fondé sur la croissance. La plupart d'entre eux ne gagnent pas d'argent. C'est même la règle. Tous les bénéfices sont réinvestis. Ils prennent des risques et sont agiles. C'est pourquoi l'arrivée d'une start-up sur un segment particulier n'est jamais neutre.

Pour les entreprises dites « traditionnelles » — celles que l'on appelait autrefois les « *bricks and mortar* »[1] —, les conséquences peuvent être rudes. Elles se doivent de réagir sans tarder, avant qu'il ne soit trop tard. Bien sûr, elles peuvent toujours se dire que le pouvoir de leur marque est en soi une garantie suffisante pour les prémunir contre ce type de mésaventure, mais ce serait là une erreur colossale, et pour tout dire potentiellement fatale. Certes, L'Oréal, Toyota ou American Express sont des références mondiales bien installées dans le paysage médiatique, des noms connus et reconnus, mais il n'aura fallu qu'un laps de temps très court à Uber pour acquérir une notoriété au moins équivalente. Cela mérite réflexion !

Au final, tout le monde redoute de subir le même sort que les taxis. On a peur de se faire siphonner, de perdre le contrôle de son cœur d'activité, de se faire tout simplement « ubériser » ! Il y a dans cette expression le sentiment d'être spolié. Les secousses subies par les grandes chaînes hôtelières suite à l'arrivée d'Airbnb — plateforme communautaire qui permet à des particuliers de louer tout ou partie de leur logement à d'autres particuliers — sont également d'une violence inouïe. Ces secousses sont d'autant plus fortes que l'arrivée de Booking.com — site de réservation d'hébergement en ligne — n'a fait qu'amplifier le problème. Les chaînes d'hôtels ont par ailleurs perdu en grande partie le contact clients. Au final, ce sont des pans entiers d'activités qui disparaissent, des nuitées qui s'envolent, sans préavis ou presque. Dans un autre univers — celui de l'édition et des librairies —, Amazon a profondément modifié les règles concurrentielles, tout en s'attaquant parallèlement à l'univers du *cloud* public, concurrençant les mastodontes en place. Qui aurait pu imaginer cela ?

---

1 Entreprises faites de « briques et de mortier », donc traditionnelles ou classiques, que l'on opposait alors à celles qui misaient intégralement sur Internet pour se développer (dites « *pure payers* »).

Les acteurs de la nouvelle économie et du Net bouleversent tout sur leur passage, fragilisant même les *business models* les plus solides, ceux que l'on croyait il y a peu de temps encore inaltérables. En trois ou quatre décennies, les cartes ont été rebattues. Parmi les sociétés gagnantes figure le quatuor magique, Google, Apple, Facebook et Amazon — qui a donné naissance à l'acronyme GAFA —, symbole de la réussite fulgurante dont la capitalisation boursière est environ 50 % supérieure à celle de l'ensemble des entreprises du CAC 40 ! Cela laisse songeur ! Ces entrepreneurs dans l'âme offrent au final des services innovants, compétitifs, de qualité et en rupture. Une simple pression sur la touche d'un smartphone ou d'une tablette et vous obtenez à peu près ce que vous souhaitez, sans le moindre déplacement, sans effort. Un prêt, un produit de placement ou un livre.

Instantanéité, dématérialisation, désintermédiation sont les maîtres mots pour comprendre le monde d'aujourd'hui. Les GAFA s'attaquent à tous les secteurs : les médias, la musique, la diffusion et la production cinématographiques, les services. Mais ils ne sont pas les seuls à agir. L'éducateur américain Salman Khan — et sa « Khan Academy » — propose une plateforme éducative gratuite, démontrant ainsi que « *les MOOC[1] constituent un instrument éducatif révolutionnaire* »[2] Et nous ne sommes qu'au début d'un bouleversement profond qui va toucher l'ensemble des secteurs d'activité. Demain, les banques, les compagnies d'assurances, la grande distribution, l'industrie ou les télécommunications vont connaître des attaques imprévues, chacune d'entre elles étant susceptible de mettre en péril l'équilibre des modèles en place. Toutes les industries devraient être balayées par cette ubérisation. La menace est réelle, car cette nouvelle concurrence représente une puissance de feu impressionnante. Elle dispose des moyens de son ambition, des compétences requises et n'est pas empêtrée dans des structures de coûts intenables. Ainsi, Airbnb met à la disposition de particuliers des logements appartenant à d'autres particuliers, mais ne possède aucun bien immobilier. Pour leur part, Booking.com propose des nuitées dans des hôtels du monde entier sans en posséder aucun et Uber offre un transport urbain dans des centaines de villes sans être propriétaire du moindre véhicule ! Mais n'est-ce pas une forme de concurrence déloyale ?

De nombreux questionnements

De nouvelles pages de l'histoire de l'humanité sont en cours d'écriture. La digitalisation n'est pas une transformation ordinaire. Tout comme l'invention de l'imprimerie ou de l'électricité en son temps, elle est en train de tout remettre à plat. Toutes les entreprises mentionnées précédemment – dont la plus ancienne est Apple – font l'objet de nombreuses critiques. Confinées autrefois au monde de l'e-business, elles tissent peu à peu leur toile en dehors de leur cœur d'activité, offrant des produits et services dans des activités connexes, et n'hésitant pas à se déplacer en territoires inconnus. Depuis quelques années, elles sont régulièrement accusées de se livrer à des optimisations fiscales illicites, de détruire des emplois – par des délocalisations massives –, de participer à la précarisation du travail, de mettre en péril les modèles sociaux établis, de détenir des données personnelles – sans trop savoir ce qu'elles en font réellement – et de jouer parfois avec certains principes éthiques élémentaires. Il faut dire que le progrès technologique autorise presque tout de nos jours. Rien ne semble insurmontable. Intelligence artificielle, robotique, nanotechnologies, photonique,

---

1 « Massive Open Online Course ». On parle aussi de « Formation en Ligne Ouverte à Tous » (FLOT) ou de « Cours en Ligne Ouvert et Massif » (CLOM). L'appellation MOOC est à présent entrée dans le *Larousse*.
2 Citation de Salman Khan, reprise par Béatrice Mathieu dans un article de L'Express.fr du 11 mai 2015.

bio-ingénierie, systèmes cognitifs… Le génie humain déborde d'énergie comme jamais auparavant.

Il génère cependant aussi de nombreux questionnements. Des laboratoires privés – et plus uniquement gouvernementaux – se penchent sur des sujets aussi variés que le clonage humain ou l'éternité[1]. Google en constitue un bon exemple. Le corps humain pourrait être demain un logiciel sur lequel des robots intelligents – dotés de capacités exceptionnelles – interviendraient pour éviter un cancer ou une dégénérescence cellulaire. Du préventif en quelque sorte. L'homme « débuggé » en temps réel, de façon continue, comme nous le faisons aujourd'hui pour un système de gestion ou de production. Délirant ? Pas tant que ça. Ce sujet occupe de très nombreux chercheurs dans le monde. Ray Kurzweil décrit par exemple dans son ouvrage *Humanité 2.0*[2] ce que pourrait être le monde de demain. Pour lui, l'impossible devient possible. Tout va être réécrit.

Si aujourd'hui, l'intelligence humaine est uniquement biologique – logée dans le cerveau – elle devrait se développer demain sur des supports technologiques. Les interfaces entre l'homme et la machine, le réel et le virtuel, devraient s'estomper et même disparaître. L'être humain devrait ainsi récupérer des capacités surmultipliées qui lui permettront de lutter contre le vieillissement, d'éradiquer le cancer, de réduire les incidences de la pollution ou d'en finir avec la faim ou la pauvreté à l'échelle planétaire. Science-fiction ? Pas pour l'auteur qui voit arriver une partie de ces prédictions d'ici à 2020 ! Pourtant deux questions demeurent : ne sommes-nous pas parfois aux frontières de l'interdit ? L'homme ne serait-il pas en train de se prendre pour Dieu ?

Quoi qu'il en soit, l'ubérisation est devenue une obsession pour les dirigeants d'aujourd'hui. Au travers de ce mouvement de fond, ils perçoivent chaque jour un peu plus l'étendue de leur obsolescence. Certains ont cette conscience et agissent comme le souligne Véronique Weill, membre du comité exécutif d'AXA : « *Notre président, Henri de Castries, a porté haut le message que si Axa ne bougeait pas, nous disparaîtrions.* »[3]

---

1 Alexandre, L., *La mort de la mort – Comment la technomédecine va bouleverser l'humanité*, JC Lattès, 2011.
2 *Humanité 2.0 – La bible du changement*, M21, 2007 (publication originale : *The Singularity is Near: When Humans Transcend Biology*, Penguin, 2005).
3 Beretti, P., Bloch, A., *Homo Numericus au travail*, Economica, 2016.

▄▄▄▄ Leadership sens dessus dessous

Depuis 2007, nous traversons l'une des turbulences les plus fortes que nous ayons eu à connaître depuis la Grande Dépression de 1929. Toutes nos convictions semblent parties en fumée. Nous avons perdu nos repères. Il faut dire qu'il ne s'agit pas d'un simple changement, d'une évolution comme une autre, mais plutôt d'une révolution. Interviewé le 30 décembre 2012 par *Le Journal du Dimanche* au sujet du marasme ambiant, le philosophe Michel Serres affirmait : « *Ce n'est pas une crise, c'est un changement de monde.* »

Il ne s'agit pas en effet de simples soubresauts économiques, mais de bouleversements plus profonds, où les jeunes générations vont jouer un rôle déterminant. C'est d'ailleurs le constat qu'il dresse en quatrième de couverture de son ouvrage *Petite Poucette*[1] : « *Le monde a tellement changé que les jeunes doivent tout réinventer.* » Et de poursuivre : « *Petite Poucette va devoir réinventer une manière de vivre ensemble, des institutions, une manière d'être et de connaître...* » Nous sommes indéniablement à l'aune

---

1 Éditions Le Pommier, 2012.

d'une mutation sociétale sans précédent, d'une rupture de la représentation même que nous nous faisions du monde et de son fonctionnement, l'avènement du digital ayant constitué un facteur d'accélération indiscutable. Le numérique, Internet, ou encore les objets connectés refondent un peu plus chaque jour notre quotidien. Les réseaux sociaux modifient profondément notre relation aux autres. L'expérience client ou citoyenne s'en trouve modifiée et enrichie. De nouveaux comportements d'achat et de consommation se font jour. De nouveaux modes de vie et de pensée également.

Aujourd'hui, tout paraît possible, rien ne semble insurmontable. Nous savons intuitivement que notre inventivité saura répondre à tous les défis, même les plus fous. La digitalisation de notre société bouscule l'ordre établi et remet tout en cause, jusqu'aux fondations même de notre système. Avec elle, notre regard change. Partout, des « *digital natives* » émergent et portent un regard inattendu sur tout ce qui nous entoure, modifiant sans préavis les règles du jeu dans tous les compartiments de notre vie, dans presque tous les secteurs économiques. Une nouvelle génération est en train d'éclore. Elle va changer la donne. Elle sera intuitive, humaine, mixte, diverse, verte, ouverte, sociale, collaborative, participative, connectée, apte à gérer la surabondance de l'information, innovante, responsable et bien sûr digitale. Le leader de demain sera différent, produit de trois mutations, humaine, sociétale et digitale. Il ne ressemblera en rien à ses prédécesseurs. Il ne sera pas tourné sur lui-même, égocentré et ignorant des autres. Il sera à l'opposé de cela, curieux et concerné par l'enjeu collectif. Il sera plus authentique, moins « starisé », davantage en accord avec lui-même. Le leadership est à n'en pas douter en pleine mutation. Il est en réalité sens dessus dessous. Et nous allons progressivement en découvrir les raisons.

Convictions envolées

Que de convictions parties en fumée ! Depuis quelques années, nous sommes devenus un peu comme ces patients – fébriles et dépendants – plongés dans l'attente interminable de résultats d'analyses, face à un médecin au diagnostic incertain. Le cataclysme mondial qui nous a pris de court en 2007 a eu le mérite de forcer la réflexion et de battre en brèche nombre de nos croyances. Dans l'ignorance des causes de cette gangrène venue nous ronger subitement, les médecins du monde – gouvernements et institutions internationales en tête – se sont empressés de nous prescrire une médication lourde, sans nous offrir en contrepartie la moindre garantie de guérison, et plus grave encore, sans avoir la moindre idée des effets secondaires potentiels. Les programmes de soutien à l'économie, aux États, aux entreprises et aux banques se sont multipliés un peu partout. Des sommes considérables ont ainsi été injectées dans le système financier sans que ces rustines économiques aient pu véritablement régler les problèmes de fond. Certes, plus le temps passe et plus l'économie mondiale amorce des signes de reprise. Mais ne nous trompons pas, nous sommes toujours sous perfusion.

Je me souviens d'un épisode plus particulièrement. Le 23 octobre 2008, l'ancien patron de la Fed[1], Alan Greenspan, faisait état à la surprise générale de ses doutes profonds quant à la supériorité des marchés libres ! Interrogé alors par la Commission chargée du contrôle de l'action gouvernementale, il affirma avoir trouvé une faille modifiant sa vision du monde[2] ! Surprenant, inquiétant, tous les qualificatifs peuvent être utilisés pour décrire cette audition surréaliste quand on songe aux leviers dont cet homme disposait alors. À l'époque de cette intervention, nous étions dans le flou le plus complet. Comment en étions-nous arrivés là alors même que nous étions gouvernés par l'élite de ce monde ? Nous pensions que le monde économique et financier était parfaitement maîtrisé. Un univers où les pays industriels modernes se sentaient à l'abri, protégés de tout désordre, où nous autres occidentaux nous sentions hors de portée, forts, solides. Tout ceci avait de quoi entamer nos convictions les plus profondes. En voici quatre...

La solidité de notre système financier

Nous pensions naïvement que nos économies ne pouvaient pas reculer, que nous étions destinés à être plus riches que nos parents mais moins à l'aise que nos enfants, que notre système financier était suffisamment solide pour encaisser tout type de choc. Drapés dans nos certitudes, nous pensions que tout pouvait être mis sous contrôle. Nous imaginions qu'il existait au-dessus de nos têtes une force de supervision, sorte de pouvoir étatique suprême, agissant au mieux de l'intérêt citoyen, un GPS financier en quelque sorte. Quelle erreur d'appréciation ! Confinés dans nos belles démocraties — orchestrées par une économie de marché souveraine — nous ressentions une sensation d'invulnérabilité, protégés par la tourelle

---

1   Réserve fédérale américaine.
2   Delhommais, P.-A., « Alan Greenspan fait part de son grand désarroi », *Le Monde*, 25 octobre 2008.

du grand argentier du monde moderne, le système financier international. Quelle mauvaise surprise de découvrir qu'il n'en était rien !

Le progrès technique, la solution à tous nos maux

Nous avons grandi avec cette idée simple et rassurante que le progrès technique permettrait au monde moderne d'aller de mieux en mieux, de réduire les inégalités, les blessures d'un capitalisme jusqu'au-boutiste, en offrant à chaque citoyen un accès libre à l'information, au savoir, en donnant à chacun une chance équitable de réussir, le fameux ascenseur social dont on nous a tant rebattu les oreilles ces dernières années. Mais la réalité est tout autre. Le constat est en réalité sans appel. Le fossé entre ceux qui amassent toujours plus et ceux qui ont de moins en moins n'a fait que se creuser. Les pays du Nord et ceux du Sud. Les riches et les pauvres. Certaines situations semblent immuables. Accros à nos smartphones et tablettes, nous ne savons plus agir sans interface numérique. Nous ne cessons d'innover et pourtant nous éprouvons parfois le sentiment de régresser.

Partout, nous investissons dans les technologies de l'information et de la communication et, pourtant, la fracture numérique[1] demeure criante à travers le monde entier. Nous multiplions le nombre de nos « amis » sur les réseaux sociaux et pourtant nombreux sont celles et ceux qui se sentent isolés. Ce sont là quelques-uns des paradoxes que nous vivons aujourd'hui. « *À la maison, nous limitons l'utilisation de gadgets technologiques.* »[2] Cette citation est pour le moins surprenante lorsque l'on sait qu'elle émanait de Steve Jobs en personne ! Elle nous dit que si le progrès technique est fondamentalement un bien pour l'humanité[3] – nous vivons mieux, plus vieux et en meilleure santé – il convient de rester vigilant quant aux possibles débordements[4]. Il ne saurait être la solution à tous nos maux.

Moins d'inégalités avec le temps

Si Athènes est devenue lors de son heure de gloire la cité de référence que nous connaissons, c'est avant tout parce que le débat citoyen était

---

1   La fracture numérique représente la disparité d'accès aux technologies informatiques, à Internet en particulier.
2   « *At home, we limit the use of technological gadgets* », *New York Times*, 2010.
3   Edmund Phelps, prix Nobel d'Économie en 2006, affirmait au cours d'une interview accordée au magazine *Foreign Policy* en 2009 : « *À aucun moment dans l'histoire, il n'y a eu autant d'innovateurs. Le nombre de gens qui s'affairent à inventer de nouvelles façons de résoudre nos problèmes est sans précédent.* »
4   Le clonage humain ou les recherches sur la vie éternelle en constituent de parfaits exemples.

omniprésent. Il était souhaité et chacun se sentait le devoir de participer. Qu'en est-il aujourd'hui ? Avons-nous finalement la même liberté de pensée et de parole qu'à l'époque de Platon et de Socrate ? L'indigent avait sa place dans l'illustre agora. Son mérite était pris en compte, plus que son rang de naissance. « Ascenseur social ». Cette formule est moderne. Le progrès (ascenseur) pour plus d'égalité (social). Pourtant, ses racines sont anciennes, la Grèce antique en ayant creusé les fondations. Périclès aurait pu parler dans ses discours de « corde sociale » ! Celle-ci s'avère plus que jamais le point d'orgue de notre système économique et social, censé célébrer le principe de la méritocratie.

Cependant, si cet aphorisme fait mouche dans notre univers devenu hautement médiatique, il est aussi malheureusement très éloigné de la réalité. Car malgré des progrès certains, il est toujours préférable d'être bien né pour s'en sortir. L'ascenseur social est souvent en panne ! Naître Africain de nos jours, dans une famille pauvre qui plus est, ne vous positionne pas en première ligne pour croquer la vie à pleines dents. Grandir dans une banlieue défavorisée de l'Île-de-France ou dans un quartier difficile de Marseille ne constitue pas non plus un atout décisif pour viser les sommets et réussir socialement ! On a beau dire qu'un quotidien difficile peut donner à certains la rage de réussir en prenant une revanche sur la vie, être la fille d'un riche industriel ou le fils d'un diplomate se révèle statistiquement plus sûr. Sur la ligne du départ, le fardeau n'est pas le même pour tous. Certains ont même des porteurs à disposition ! Ces inégalités sont en réalité d'ordre culturel. Il est plus aisé de s'en sortir lorsque l'on a baigné dans une atmosphère orgueilleuse et élitiste, le milieu social ne calant pas tout le monde de la même façon dans les « starting-blocks » de la vie. Alors même que le progrès technique et l'avènement des démocraties dans le monde entier devraient nous permettre de rapprocher les peuples, d'éviter l'enlisement de certains continents ou le désenclavement des banlieues, les faits sont têtus et nous démontrent jour après jour le contraire. L'injustice domine un peu partout dans le monde, et sans choc, sans réaction énergique, il est peu probable que l'on puisse inverser cette tendance à court terme.

Notre planète va de mieux en mieux

On prétend s'en occuper et pourtant elle ne va pas vraiment mieux. La planète est même en surchauffe. Le climat se dérègle à une vitesse inégalée jusqu'ici, la fonte des glaces tant redoutée progresse, la faune sous-marine souffre des rejets chimiques et la pollution dans les villes bat tous les records. Avec une biocapacité d'environ 12 milliards d'hectares globaux (hag) et une population mondiale de 6,6 milliards d'hommes pour 2006[1], la biocapacité disponible par personne s'élève à 1,8 hag[2]. Or il est démontré qu'un être humain a en moyenne besoin de 2,6 hag pour vivre ! Soit un manque de plus de 5 milliards d'hag ! L'empreinte écologique[3] mondiale a en fait dépassé la capacité biologique totale de la Terre depuis le milieu des années 1980, ce qui signifie que nous sommes en situation de surconsommation, de surexploitation des milieux et que nous produisons trop de déchets. Il nous faut inventer une nouvelle façon de vivre, car notre modèle actuel ne permet pas de maintenir un indice de développement humain[4] élevé, une empreinte écologique acceptable, tout en contrôlant les conséquences du réchauffement climatique.

Un malaise bien réel

Aspirés par le tourbillon de nos activités quotidiennes, nous avons bien souvent abandonné nos désirs les plus secrets, nos rêves, et parfois même certaines de nos valeurs. Inconsciemment, nous passons le plus clair de notre existence à faire des compromis. Nous le ressentons comme une défaite, une forme d'abandon, une capitulation, voire un manque de courage, avec en toile de fond cette pensée nostalgique qu'avant, tout était mieux. C'est oublier que l'on vivait moins confortablement, que l'on mourait plus jeune et que l'on se posait autant de questions ! Notre société fabrique de la nostalgie à ne plus savoir qu'en faire au lieu de générer de l'ambition, de l'envie et de stimuler la créativité.

Le malaise diffus qui résulte de tout cela n'a fait que s'amplifier au fil du temps, renforcé par l'ambiance générale, l'état de notre économie et cette conviction – à présent chevillée au corps – que nous allons tout droit dans le mur. Face à la complexité ambiante, plus personne ne semble capable d'expliquer les rouages et les dysfonctionnements de notre système. Essayistes et intellectuels tentent bien d'expliquer l'inexplicable, en vain. Ils parlent sur toutes les ondes, écrivent sans jamais s'épuiser et semblent tout savoir sur tout. Ils vendent des livres et font parfois le « buzz ». Pourtant, au final,

---

1 Données issues de « Global Footprint Network, Ecological Footprint Atlas 2009 ».
2 Sans prendre en compte les autres espèces vivantes.
3 Pour l'OCDE, il s'agit de la « mesure en hectares de la superficie biologiquement productive nécessaire pour pourvoir aux besoins d'une population humaine de taille donnée ».
4 Il s'agit de pondérer le Produit Intérieur Brut (PIB) par habitant avec l'espérance de vie à la naissance et le taux d'alphabétisme.

personne n'est réellement dupe. Ils sont comme un médecin qui saurait parfaitement vous expliquer ce dont vous souffrez, mais qui serait incapable de vous prescrire le traitement adapté. Vous comprenez dans quelle panade vous êtes, mais vous ne savez pas comment vous en sortir ! Et pire encore, il modifierait son diagnostic à chaque fois que vous le consulteriez ! Jamais le monde n'a connu autant de bouleversements ni été confronté à autant de menaces. Jamais le monde n'a été autant dans le doute. Nous avons connu le meilleur et le pire. D'un côté, l'effondrement de dictatures, l'éclatement de l'URSS, la chute du Mur de Berlin, le rééquilibrage des forces géopolitiques mondiales et le désir démocratique du monde arabe nous rassurent, de l'autre, la tyrannie du rendement maximal, le terrorisme poussé à son extrême limite, la violence urbaine, les extrémismes en tout genre et le risque nucléaire nous imposent plus de vigilance. Le bilan est là, implacable, et nous cherchons toujours le messie qui nous montrerait la voie.

Nos valeurs mises à rude épreuve

Nous éprouvons tous un besoin viscéral d'apporter une justification à notre action, à notre démarche, et finalement à notre existence. Sans cela, il deviendrait difficile d'avancer et d'élaborer de nouveaux projets. Sans que nous en ayons toujours conscience, nos actes sont influencés par notre philosophie intérieure, notre façon d'être et de voir les choses. Nous savons généralement expliquer ce que nous faisons, parfois la façon dont nous le faisons, mais rarement pourquoi nous le faisons. Or, cette dernière question est essentielle. Pourquoi avons-nous choisi telle voie ? Pourquoi avons-nous décidé de défendre telle cause ou d'embrasser tel point de vue ? Pourquoi travailler pour telle personne ou telle entreprise ? Ces questions commencent toutes par le même mot : « pourquoi ». Le « pourquoi » est important, bien plus en fait que le « quoi », le « comment », le « quand », le « où » ou le « qui ».

Le « pourquoi » n'est pas anodin, il nous renvoie à nos jeunes années, celles où nous posions en boucle mille questions à nos parents jusqu'à les lasser. Avec les années, nous perdons cette candeur qui nous incite à chercher des explications à tout ce qui nous entoure ou nous intrigue. En réalité, nous accordons de plus en plus d'importance au ressenti. La quête devient plus spirituelle. C'est d'autant plus vrai dans les périodes de crise, où tout semble s'enliser et ne plus avoir d'enracinement stable et durable.

Nous sommes confrontés en fait à une perte de sens, un effritement de nos valeurs. Cela n'est pas arrivé brutalement, mais plutôt insidieusement. La lame de fond s'est étalée sur plusieurs décennies et nous a amenés à remettre en cause ce que nous pensions être des acquis immuables. Nous pourrions mettre en avant de nombreux facteurs explicatifs, mais l'un d'entre eux semble effacer tous les autres. Il s'agit de cette course effrénée à la réussite sociale et financière, cette soif du toujours plus qui supplante toute autre ambition. Quand la règle consiste à toujours vouloir gagner plus, donner un sens aux choses devient un exercice plus périlleux, bien souvent impossible. Or ce n'est pas un hasard s'il existe de fait une corrélation directe entre le désir de détenir plus de richesses et le mal-être qui s'est mis à grandir en nous.

Les générations qui ont eu 20 ans au début des années 1980 n'ont pas lésiné pour atteindre leurs objectifs, au détriment bien souvent de leur vie personnelle. Mais ces sacrifices étaient aussi le résultat d'une symbiose avec leur employeur ou la cause défendue. On entrait dans une entreprise pour y passer sa vie. De nos jours, l'adhésion se négocie, l'engagement est plus incertain. On est prêt à s'investir, mais sous certaines conditions. Nous participons à des manifestations géantes du type « pour ou contre le mariage pour tous » ou « pour ou contre la réforme des retraites », mais perdus au milieu de la foule, sommes-nous toujours certains de lutter pour ce qui nous importe vraiment ? Ou plus exactement pour ce qui compte vraiment ? Ne sommes-nous pas manipulés ? Comment savoir si dans une autre vie, dans un contexte différent, à un autre moment, l'opposant au mariage pour tous n'aurait pas été pour et inversement ?

Nous sommes les victimes d'une immédiateté devenue aussi indispensable qu'insupportable. Seul le retour sur investissement instantané semble compter, un univers où une information en chasse une autre, nous rendant peu à peu plus insensibles, moins enclins à l'indignation, voire à la compassion. Nous sommes devenus plus individualistes. Lorsqu'un drame survient quelque part, nous cherchons d'abord à savoir de quelle façon il serait susceptible de nous concerner directement. Rassurés, nous zappons aussitôt sur une autre actualité. Inconsciemment, nous sommes sous perfusion des « *news* », nous voulons du rythme, nous vivons dans ce rythme ! La mort d'Oussama Ben Laden, les conséquences d'un typhon à l'autre bout du monde, les révoltes du monde arabe ou un mariage princier, les images défilent devant nos yeux et se banalisent. Nous sommes arrivés à un stade où il est plus important d'éviter une panique boursière que de s'attaquer à la résolution même des problèmes ! Les marchés et les médias sont devenus si puissants qu'ils finissent par anesthésier toute réflexion, nous transformant avec les années en automates plus ou moins incapables de penser. Nous accordons autant d'importance à une phase qualificative de coupe européenne de football qu'au massacre d'une famille américaine par un tueur psychopathe ! Nous ne savons plus mettre d'échelle de valeurs en face des événements. Nous parlions de malaise, il est là, palpable, grandissant. Traduction d'un manque, d'un vide sidéral, il s'est installé en nous, subrepticement.

Des leaders dépassés

Qu'ils opèrent au sein d'un conseil d'administration, d'un gouvernement, ou d'une assemblée législative, qu'ils soient à la tête d'une entreprise, à un poste de management ou en charge d'un ministère, les leaders en poste depuis plusieurs décennies sont tous plus ou moins les clones d'un stéréotype. S'ils sont souvent passés par les mêmes institutions que leurs prédécesseurs, ils n'ont plus les mêmes marges de manœuvre et évoluent aujourd'hui sous la tutelle très serrée des marchés et l'influence des principaux actionnaires. Plus que jamais, s'écarter des souhaits d'un conseil d'administration signe pour eux une révocation quasi immédiate.

Pour autant, un leader se doit d'être authentique[1] et de faire preuve de courage, en s'effaçant quand il le faut au profit d'enjeux collectifs – plus fondamentaux que lui-même – mais sans renier ses positions quand il les croit justes et légitimes. Une fois parvenus au pouvoir, il est vrai que la plupart des politiques ne pensent qu'à leur réélection, quitte à en oublier leurs promesses électorales. De nombreux dirigeants d'entreprises tiennent beaucoup trop à leur statut social et/ou à leur rémunération globale pour se mettre en travers des administrateurs. Cependant, en agissant ainsi, ils ne font que nuire à ceux qu'ils sont censés servir !

Pourtant ces qualités de courage et d'authenticité ne font plus recette ces temps-ci. Il y a un peu plus de deux siècles, Danton et Saint-Just finirent sur l'échafaud – payant le prix de l'ajustement postrévolutionnaire – pour avoir refusé de ployer. Ces vies sacrifiées trop tôt ne furent cependant pas vaines. Ils furent les architectes de la plus belle démocratie qui soit, puisque la France reste aujourd'hui encore la nation où le mot liberté prend tout son sens.

Dans ce cas, comment savoir si les leaders d'aujourd'hui seront en mesure de faire face aux challenges de demain ? La réponse est loin d'être évidente. Les dirigeants en poste sont tous le résultat d'un formatage cartésien. Ils définissent les feuilles de route à coups de ratios, de graphiques en tout genre et d'indicateurs bien sentis : gains de parts de marché, recherche de croissance, réduction du chômage, maintien d'une stabilité sociale ou progression d'un cours de Bourse. Ils nous servent des discours parfaitement logiques, aseptisés, mais qui ne doivent en rien troubler notre réflexion. Nous devons exiger davantage de nos gouvernants, car l'enjeu ne consiste pas uniquement à atteindre des résultats quantifiés. Ils se doivent de donner du souffle à l'action engagée. Réaliser plus de profit s'avère certes un objectif à la fois respectable et indispensable, mais il ne peut en aucun cas constituer le but. Il n'est pas une direction, mais un point d'escale

---

1 Karsenti, G., « Tombez les masques, soyez vous-même ! », *Harvard Business Review France*, dans chroniques d'experts « leadership » : http://www.hbrfrance.fr/chroniques-experts/2015/03/6535-tombez-les-masques-soyez-vous-meme/(27 mars 2015).

pour atteindre une cible plus ambitieuse. L'oublier serait un peu comme enclencher la vitesse supérieure sans voir le mur dressé devant nous. À ce rythme, tôt ou tard, le déclin nous guette. Il faut relire « *Considérations sur les causes de la grandeur des Romains et de leur décadence* »[1] pour comprendre les risques qui pèsent potentiellement sur nos économies et la société tout entière.

Conclusion de ce qui précède, les leaders actuels sont certes pertinents, mais ne nous font plus rêver. Ils ne sont plus porteurs de valeurs et de projets collectifs. Ils semblent davantage concernés par leurs propres intérêts, ce qui explique que nous ayons de plus en plus de mal à nous identifier à eux. Pour autant, peut-on en déduire qu'ils sont disqualifiés à jamais ? Sont-ils capables de s'adapter ? Par nature, nous savons que c'est possible. L'histoire de l'humanité l'a déjà démontré à maintes reprises. Cependant cette fois, tout s'est un peu complexifié, car depuis la fin des années 1990, deux ruptures majeures ont bouleversé la donne, créant des écarts générationnels comme jamais auparavant et catapultant la majeure partie de nos dirigeants dans une obsolescence avérée. Il s'agit bien sûr de l'avènement de l'Internet et plus récemment de l'univers digital.

Les cycles se sont considérablement raccourcis. D'un monde figé, nous avons basculé dans un univers imprévisible, où tout semble possible, où l'impensable devient notre quotidien. Nous sommes au cœur d'une mutation sans précédent qui va inéluctablement entraîner un renouvellement profond du leadership mondial. Cela ne veut pas dire que la génération des baby-boomers et celle des X vont disparaître du jour au lendemain. Elles garderont au contraire un rôle prédominant d'ici à 2030.

Ce qui nous attend n'est pas une simple évolution, mais une révolution, une rupture bien plus radicale que tout ce que nous avons connu à ce jour. Certains en comparent la puissance aux ruptures nées de l'avènement de l'imprimerie ou de l'électricité. Le numérique semble néanmoins aller plus loin. Il est plus invasif, percute tout ce que nous faisions hier, tous les actes de notre vie quotidienne. Il permet de tout repenser, sous des angles nouveaux, celui de l'usage en particulier. Grâce à lui, nous réinventons l'entreprise, la politique, la vie en société, les loisirs, les modes de consommation, l'éducation, les transports, la domotique, la santé, rien ne semble pouvoir échapper à sa lame incisive.

---

1 Montesquieu (1734).

Les leaders actuels ne sont pas dépassés, au sens où nous l'entendons habituellement. Cela n'a rien à voir avec le vieillissement, un manque de modernité, une difficulté à appréhender les nouvelles technologies ou une absence de volonté liée au temps, celle de se remettre en cause une énième fois. Non, il s'agit de tout autre chose. Ils n'ont tout simplement plus les attributs pour percevoir ni même décoder ce qui leur fait face. Ils ne disposent pas de la bonne grille de lecture. Ce serait un peu comme s'ils regardaient autour d'eux avec des lunettes sous-corrigées de plusieurs dioptries ! Au vu des challenges qui nous attendent, nous avons le devoir d'être réalistes et de ne pas nous laisser bercer d'illusions. Pour affronter les défis de demain, mieux vaut se doter des bons profils. Ils auront la charge de relever des défis d'un type nouveau et de générer des ruptures plus heureuses.

LA RÉVÉLATION D'OXFORD

En avançant que les leaders actuels semblent dépassés — du moins pour certains d'entre eux —, je veux dire qu'ils ne sont plus adaptés au monde qui se dessine aujourd'hui. Ils ont certes le désir d'apprendre et de paraître plus en phase avec leur temps qu'ils ne le sont vraiment, mais ils ne parviennent plus à masquer leurs déficiences. Mes propos peuvent paraître définitifs, durs, excessifs. Peut-être sont-ils tout cela, mais ils sont avant tout le fruit d'un long cheminement et d'une conviction profonde. Une évidence en réalité.

TROP DE LAISSER-ALLER

Ce constat ne m'est pas venu d'un coup. Il a pris corps en moi au fil des ans, au gré des événements, dont nous ne mesurons pas toujours l'impact. En réalité, nombreux sont les facteurs extérieurs à notre sphère directe de contrôle qui influencent nos décisions, notre façon de penser, de vivre ou d'agir. Par nature, nous avons tendance à nous recroqueviller sur notre environnement immédiat, ignorant bien souvent les signaux externes, plus lointains et donc moins perceptibles. Ils sont pourtant presque toujours annonciateurs des changements à venir. Ce sont comme des bruits de fond auxquels il faudrait en réalité prêter attention. Par facilité, nous en restons bien souvent aux conclusions partisanes, celles qui nous arrangent ou vont dans notre sens. C'est une erreur fondamentale qui nous empêche de comprendre le monde dans lequel nous vivons et par voie de conséquence de nous y adapter.

Une nouvelle vision du leadership

C'est sur le campus de l'Université d'Oxford que j'ai réellement pris conscience de l'ampleur du problème. Nous étions alors en 2006 et nous nous remettions à peine des conséquences de l'éclatement de la bulle Internet et des actes terroristes du 11-Septembre. Le cycle auquel j'étais inscrit portait sur le management du changement. Un thème tout à fait approprié au regard des mille questions que je me posais alors sur l'évolution du monde. Et comme le disait en son temps le philosophe grec Héraclite d'Éphèse : « *Rien n'est permanent, sauf le changement.* » Alors autant s'y préparer. Quoi qu'il en soit, en démarrant cette session de formation, je n'imaginais pas à quel point elle allait changer ma vision du leadership.

Je me souviens de l'euphorie qui s'était emparée de tous lors de la découverte d'Internet dans la seconde partie des années 1990. On se sentait pousser des ailes. Tout semblait possible. Des sociétés sorties de nulle part se retrouvaient subitement sous les feux de la rampe, valorisées bien plus que leur valeur réelle, sans aucune réalité économique. Certaines valaient des milliards en Bourse alors qu'elles perdaient de l'argent. Pire, personne ne voyait vraiment comment elles pourraient en gagner un jour ! Mais là n'était pas le souci, on repoussait le problème à plus tard. Et le plus tard s'est produit en 2000. Le château de sable s'est brutalement effondré. La bulle financière formée autour de ces start-up surcotées a explosé sans préavis, entraînant dans son sillage l'économie tout entière. Une question simple s'est alors posée. Comment des esprits aussi brillants que nos dirigeants d'alors avaient-ils pu se laisser entraîner dans un tel délire ? Certes, on imagina qu'il y avait eu de nombreuses prises d'intérêts, mais il restait malgré tout une part d'ombre. Une forme d'illogisme dans un monde gouverné par des êtres rationnels. Quoi qu'il en soit, ce fut pour moi un marqueur essentiel. Il y en eut un autre, peu de temps après, plus fort, plus extrême, inouï de violence. Un acte qui appartient à l'univers de l'impensable.

Alors que le monde était en pleine déconfiture boursière, il se retrouva plongé de nouveau et de façon brutale dans un chaos indescriptible. On se souvient de cette image stupéfiante de George W. Bush – en visite dans une école élémentaire de Floride – apprenant que son pays venait de faire l'objet d'une attaque terroriste d'une ampleur inégalée. Les États-Unis d'Amérique – continent réputé inviolable – étaient la cible des mouvances d'Al-Qaïda. Plusieurs attentats furent perpétrés le 11 septembre 2001. Le monde était sous le choc, l'onde de propagation inimaginable. En un temps éclair, l'effarement s'est lu sur tous les visages aux quatre coins de la planète.

Au moment du drame, je vivais dans l'État de New York, au cœur du village de Larchmont, situé au nord de Manhattan. Je me souviens de chaque instant, des mois qui ont suivi les

attentats, de la menace liée aux enveloppes contaminées au bacille du charbon à la fin de l'année 2001 et des conséquences psychologiques. Dès cette époque, nous savions qu'il y aurait un avant et un après, que les photos de Manhattan avec ou sans les tours jumelles sonneraient à jamais comme un rappel du décalage existant entre nos élites et la réalité du monde. Car là encore se posaient les mêmes questions, les mêmes doutes. Que faisaient les leaders en charge de la destinée du monde ? Comment avaient-ils pu passer à côté d'une telle catastrophe ? S'il semblait impossible d'éliminer toute forme de risque, n'avait-on pas à l'inverse ignoré ou sous-estimé les forces adverses ? En ne les prenant pas au sérieux, en ne cherchant même pas à comprendre leur colère, leur combat et finalement leur haine, ne nous étions-nous pas mis nous-mêmes en situation de danger imminent ?

Un ouragan dévastateur

L'université d'Oxford — le plus ancien des hauts lieux de l'enseignement anglais puisque les premières traces d'activités remontent à 1116 — n'est pas comme les autres. Le style gothique de la plupart des bâtiments historiques renforce le mythe et le mystère attachés à la prestigieuse faculté. En déambulant sur le campus, on éprouve vite le sentiment de parcourir l'histoire du monde et des civilisations. La « cité de clochers rêveurs » — surnom de la ville universitaire — ne peut laisser indifférent.

Parmi les « alumni », des milliers de noms bien sûr, certains étant célèbres, tels Margaret Thatcher, Bill Clinton, Tony Blair, David Cameron et… Adam Smith. Ce dernier en particulier avait retenu mon attention. Quand j'étais jeune étudiant, j'avais passé des heures à parcourir l'œuvre de celui que beaucoup considèrent aujourd'hui encore comme le père de l'économie politique. Au cours du voyage, entre Paris et Oxford, j'entrepris de relire quelques pages de son célèbre ouvrage *Recherches sur la nature et les causes de la richesse des nations* (1776). Si au milieu des années 1980, j'avais trouvé ses propos d'une modernité évidente, ils l'étaient d'autant plus en cette année 2006. Deux cent trente ans plus tôt, Smith fut en effet le témoin de l'éclatement de la bulle financière qui avait décimé les banques dans la région d'Édimbourg. L'histoire est un éternel recommencement ! Tout en posant les principes du libéralisme économique, il fit état des graves dangers que la finance pouvait faire courir à la société entière si des remparts protecteurs n'étaient pas édifiés. S'il écrivait ceci de nos jours, il ne serait pas décalé !

Lorsque le train s'immobilisa en gare d'Oxford, j'éprouvais ce sentiment diffus que nous avions moins de prise sur les événements qu'autrefois. Nous étions davantage en mode réactif. En d'autres termes, nous subissions. D'où cette impression de laisser-aller. Ne pas avoir compris que les extravagances boursières des années 1995-2000 allaient nous conduire au pire ou ne pas avoir perçu la montée en puissance de mouvements terroristes ne peut être considéré comme autre chose qu'un pur laisser-aller. Ce dernier était-il le fruit d'une inconscience collective ? Ou le résultat d'un simple déni de réalité ? Difficile à dire. Cependant, avec tous les experts qui gravitaient autour des sphères du pouvoir, ces explications paraissent peu probables. Nous aurions dû avoir quelques soupçons sur la justesse de nos actions, sur la finesse de nos analyses géopolitiques et voir le mur dressé devant nous se rapprocher dangereusement.

La société est devenue si complexe – l'univers financier en particulier – que personne ne semble plus en avoir la maîtrise. Certains esprits divaguent. Puisque l'insouciance ne peut être invoquée comme facteur explicatif, ils imaginent qu'on aurait pu sciemment nous occulter la vérité. Que des puissances gouvernementales, des institutions financières – secrètes ou pas – ou des pouvoirs occultes tireraient les ficelles de tout cela. Nous serions donc manipulés ! À moins que nous ne soyons plutôt les victimes d'une immense incompétence ! Au point de ne pas réagir quand nous aurions encore pu le faire. Difficile de dire quelle est la plus terrifiante de toutes ces versions. Aucune ne me paraît réellement crédible, mais une chose semble néanmoins sûre : nous ne vivons pas les soubresauts d'une petite perturbation transitoire sans importance, mais le chaos d'un ouragan dévastateur qui va nous obliger à revisiter les fondations mêmes de notre environnement. Et s'il est toujours difficile d'en évaluer l'impact réel, nous mesurons de mieux en mieux l'ampleur du gouffre qui est encore devant nous.

DU CÔTÉ DE CHEZ FREUD

Quelques semaines plus tard, j'étais de retour sur le campus pour la seconde session. Le programme proposé est dense et riche en personnalités, dont Michael Maccoby. Ce psychanalyste et anthropologue américain, mondialement reconnu pour son expertise dans le domaine du leadership, est aussi un auteur prolifique qui a enseigné dans de nombreuses universités, dont Harvard et Oxford.

Lorsque Maccoby est entré dans la salle de cours, je ne m'attendais pas à découvrir une théorie qui allait changer ma vision du leadership. Et ce fut pourtant le cas. Maccoby est en fait celui qui a le mieux démocratisé à ce jour les travaux de Sigmund Freud sur les types libidinaux en les appliquant au monde du management et de l'entreprise[1]. L'être humain étant d'une complexité infinie, vouloir identifier des personnalités types auxquelles nous pourrions nous référer — comme des normes ou des références — dans le but d'analyser et de classer les individus en catégories bien distinctes paraît difficile, voire impossible. Les travaux du célèbre médecin autrichien facilitent pourtant cette classification, même s'ils portaient originellement sur les comportements amoureux. La transposition à l'entreprise était tentante, un pas que Maccoby n'a pas hésité à franchir.

Comme Freud le précisa lui-même, il existe une infinité de personnalités qu'il avait regroupées en trois grands types : les érotiques, les obsessionnels et les narcissiques. Selon Maccoby, la vaste majorité des leaders sont des **_narcissiques dits productivistes_**. Il s'agit de visionnaires qui portent en eux le désir de changer le monde, de transformer les organisations et de laisser une trace de leur passage sur terre. Pour atteindre leurs objectifs, ils n'hésitent pas à prendre des risques. « Miser beaucoup pour gagner beaucoup » est un peu leur devise. À la fois charismatiques et motivants, ils savent créer des relations de confiance. Préférant être admirés qu'aimés, ils sont obsédés par leur réussite et ne se perdent pas en conjectures inutiles susceptibles de les ralentir dans leur course en avant. L'empereur Napoléon Ier ou Steve Jobs constituent deux bons exemples de leaders narcissiques.

Les **_obsessionnels_**, eux, sont par essence des techniciens, des experts dans leur domaine. Bien qu'ils puissent être tout à fait charismatiques, ils exercent leur leadership avant tout par le biais de la compétence. C'est bien leur savoir et leur savoir-faire qui font la différence. Ils possèdent un réel sens du détail et de l'exécution. Ce sont des professionnels avérés, reconnus et très méticuleux. Rien ne les rend plus heureux que d'atteindre un objectif opérationnel ambitieux et de voir leur ténacité et leurs qualités encensées par tous. Ils aiment recevoir des compliments sur le fond plutôt que sur la forme, lors de présentations notamment. Maccoby les considère comme des tacticiens qui respectent les règles, des individus particulièrement doués pour « _faire arriver les trains à l'heure_ » selon son expression. Ils ne laissent généralement rien au hasard et sont très efficaces en environnements complexes.

Viennent enfin les **_érotiques_**. Ces personnalités sont plus énigmatiques. Le terme même peut induire en erreur. Il ne s'agit en rien de leaders ayant des comportements sexuels particuliers ou ambigus, mais d'individus ressentant le besoin chronique d'être aimés. Ils ont à cœur d'être reconnus et valorisés pour leur engagement, ainsi que pour l'ardeur et la passion qu'ils mettent à accomplir leurs tâches. Ils accordent une importance toute particulière au bien-être de leurs collaborateurs, encouragent les programmes visant au développement individuel et créent habituellement une atmosphère de travail de qualité. D'une façon générale, ils rejettent les conflits, règlent les dysfonctionnements et sont dans une quête permanente de consensus. C'est ce qui fait dire à Maccoby qu'ils ne sont pas des leaders naturels. Il les voit comme de piètres managers considérant qu'il leur faut trop de garanties et d'accords préalables avant d'agir et de décider lorsque des problèmes se présentent à eux. Un leader selon lui ne peut avoir d'états d'âme et être dans l'attente des autres.

RÉVÉLATION

Si les leaders narcissiques sont majoritaires dans le monde du pouvoir, sont-ils pour autant la panacée ? Maccoby a conclu sa session en décrivant ce que le psychanalyste néerlandais et professeur en leadership à l'Insead Manfred Kets de Vries appelle « *la face cachée du leadership* »[1]. Car les narcissiques sont capables de nombreuses turpitudes et leurs mises sous contrôle s'avèrent bien souvent complexes, voire impossibles. Je me suis alors posé de nombreuses questions. Et si les narcissiques s'avéraient aujourd'hui incapables de comprendre les évolutions de notre monde ? Et si leurs personnalités ne

---

1 Kets de Vries, M., *La face cachée du leadership*, Pearson Village Mondial, 2010, 2ᵉ éd.

correspondaient plus à ce dont nous avons besoin ? Cela ne pouvait-il pas expliquer les événements que nous décrivions précédemment ? C'est en tout cas ce que je pensais en applaudissant la prestation du professeur Maccoby. Les années qui ont suivi n'ont fait que conforter cette voie. Parmi les événements qui m'ont fait réfléchir, il y en a eu un en particulier qui a débuté en 2008. C'est bien sûr la crise des *subprimes* et l'effondrement du système bancaire qui ont entraîné la disparition de Lehman Brothers. Comment aurions-nous pu imaginer la chute d'un tel symbole ? Avec la banque d'affaires qui s'éteint, c'est la fin d'un système, d'un mythe, mais aussi la naissance de nouveaux paradigmes. Puisque plus rien ne semble tenir, pourquoi ne pas tout changer ?

INCOMPRÉHENSION

Au final, il y a de quoi être perdu ! Les plus belles intelligences sont aux commandes et pourtant les dérapages se multiplient. Est-ce le résultat d'une médiatisation à outrance ? Est-ce plutôt lié à l'accélération du temps ? Il peut y avoir une multitude de causes en réalité. Dans tous les cas, c'est assez incompréhensible ! Pourquoi avoir encensé la nouvelle économie reléguant les « *bricks and mortar* » à la cave alors que quelques années plus tard ce fut l'effondrement ? Pourquoi ne pas avoir réagi aux valorisations boursières extravagantes fondées sur « un grand rien du tout » ? Pourquoi avoir ignoré à ce point les alertes relatives à la montée en puissance d'une menace terroriste orga-nisée ? Pourquoi ne pas avoir détecté les prémices de la crise de 2008 quand il était encore temps ? Plutôt surréaliste, mais malheureusement bien réel ! À chaque fois, il paraît évident que nous n'avions pas les bons capteurs, que nous n'avions pas anticipé ce qui allait se produire. Nous avons subi — étonnés et horrifiés — sans pouvoir peser sur le cours des événements. Tel est le constat implacable. Et les fautifs ont un nom et ce sont toujours les mêmes : les narcissiques !

Chapitre 2

FIN DE RÈGNE DES NARCISSIQUES ?

À retenir

Les leaders actuels sont pour l'essentiel des narcissiques. Qui plus est des narcissiques productifs, si l'on se réfère à l'enseignement de Michael Maccoby. Freud a modifié notre vision du leadership. Appliquée au monde de l'entreprise, la théorie des types libidinaux s'avère effectivement puissante et pertinente. Elle nous permet de mieux cerner les raisons qui font que les narcissiques sortent assez facilement de la route. Leurs déviations sont finalement nombreuses et peu prévisibles, ce qui constitue un handicap pour les entités qui les emploient et pour eux-mêmes lorsqu'ils veulent s'inscrire dans le long terme. Bien que pourvus de qualités indéniables, ils ne semblent pas toujours en mesure de relever les challenges actuels et à venir. Du moins pas sans changement. Mais au fait, qu'est-ce que le narcissisme ? En quoi peut-il nuire aux causes ou aux organisations qu'il sert ? Revenons en premier lieu sur certaines notions centrales du leadership.

Tout commence avec Ptahhotep !

Si le terme même de « leadership » est récent, son essence remonte aux origines de l'humanité. Toutes les recherches en éthologie sur le règne animal montrent de façon claire que toutes les espèces ont besoin d'un chef. Les hommes n'échappent pas à la règle. L'Égyptien Ptahhotep – administrateur et premier ministre sous le règne du souverain Djedkarê Iséri – élabora sur un papyrus remontant à la cinquième dynastie – aux alentours de 2300 avant J.-C. – une première réflexion sur ce que nous appelons aujourd'hui « leadership », évoquant en particulier les qualités que devait posséder un pharaon[1] ! Que s'est-il passé depuis ? Le monde s'est bâti sous le coup d'innovations en tout genre. Le progrès technique incessant, les

---

1 *The instructions of Ptahhotep.*

arts, la littérature, l'évolution de la pensée, l'impact et le poids des religions, les batailles politiques, les guerres, les combats sociaux, autant de chocs, de ruptures, de bouleversements qui ont dessiné le monde tel que nous le connaissons aujourd'hui. Si ces avancées ont eu lieu, c'est grâce à des leaders qui ont eu la force de caractère, la volonté et le talent de bousculer l'ordre établi, de changer l'état d'esprit quand il le fallait, de donner du sens à leurs actes et à leurs paroles, d'inspirer des transformations radicales et salutaires, de former de nouvelles aspirations, parfois au prix de leur vie. Leur empreinte est là, scellée à jamais dans nos consciences collectives.

Le leadership a permis au monde de passer de l'âge de pierre à celui de l'information. Il aura fallu pour y parvenir plusieurs révolutions – agricole, industrielle, numérique – et quelques mutations intellectuelles et idéologiques, comme le monothéisme que les Hébreux ont rendu possible[1], la démocratie proposée par les Grecs à nos civilisations ou le droit de la propriété – inventé par les Romains – soucieux de protéger leurs biens. Des femmes et des hommes se sont relayés aux commandes du monde, avec des talents et des énergies spécifiques, pour des succès plus ou moins marquants. Tous n'auront pas eu le même impact sur notre société, le même écho au regard de l'histoire. Tous n'auront pas laissé la même trace. Quoi qu'il en soit, le leadership est fondamental dans toute société. Il conditionne le succès et la réalisation de grands desseins. Nous verrons qu'il a beaucoup évolué à travers les époques et qu'il peut prendre des aspects très différents.

Dessine-moi le leader idéal

Qu'est-ce qu'un leader ? Existe-t-il des caractéristiques qui distinguent un individu appartenant à un groupe de personnes faisant de lui un leader ? Peu le sont ou le deviennent au final. Ou du moins, rares sont ceux vus comme tels. Car le leadership est avant tout une question de perception. Ce sont les autres qui font de vous un leader et pas l'inverse.

De nombreuses définitions

Le leadership est l'un des domaines d'études les plus foisonnants. Pour s'en convaincre, il suffit d'aller sur Internet pour constater le nombre de liens qui existent sur le sujet. Les théories et les concepts se sont multipliés au fil du temps. Tout semble avoir été dit et écrit. Le leadership inspire et passionne.

---

1 Car c'est plutôt le pharaon Akhénaton qui en aurait été le véritable initiateur.

Par conséquent, face à cette profusion, faire le tour de la question n'est pas simple. Pour autant, il semble toujours aussi difficile de définir le profil du leader idéal. Est-ce seulement possible ? Est-ce même souhaitable ? Rien n'est moins sûr, tant il semble qu'à chaque époque, qu'à chaque situation, il faille un type de leadership bien spécifique.

Parmi les nombreuses définitions existantes, il en est une qui a toujours eu ma préférence : « *Le leader est celui que l'on a envie de suivre.* » Courte et efficace, elle résume parfaitement qu'un leader est censé attirer à lui des « suiveurs »[1]. La racine étymologique des termes anglo-saxons « *lead* », « *leader* » et « *leadership* » est « *lead* », qui signifie « chemin » ou « route ». Le leader est celui avec qui on a envie de partir, de boucler ses valises. Parfois sans même connaître la destination ! Le leader dans notre subconscient est bien sûr celui qui ouvre la voie, qui trace la route, qui bouscule l'ordre établi et qui découvre très souvent – ou nous aide à le faire – de nouveaux chemins d'expansion. Il est aussi celui qui entraîne les autres dans la poursuite d'un rêve ou la recherche d'un idéal. Dans la langue française, on emploie parfois les termes de « meneur » ou de « chef de file » pour désigner un leader, bien qu'ils n'aient pas tout à fait la même signification. « Dirigeant » est également utilisé, bien que là encore, le sens soit légèrement différent, un dirigeant pouvant ne pas avoir les attributs d'un leader et inversement.

Avant même de savoir si l'on peut être un leader faut-il encore le vouloir et même le vouloir plus que les autres. Pour occuper par exemple les fonctions suprêmes de l'État, il convient de se préparer durant trois à quatre décennies ! Toute une vie en réalité. Le succès – quand il survient – n'est donc jamais le fruit du hasard, mais le résultat d'une préparation savamment orchestrée et d'une abnégation sans faille. Aucun des derniers présidents de la République – de Valéry Giscard d'Estaing à François Hollande, en passant par François Mitterrand, Jacques Chirac ou Nicolas Sarkozy – n'est arrivé à l'Élysée par hasard. Nicolas Sarkozy a toujours manifesté sa volonté d'y parvenir. Il l'exprimait de façon non équivoque bien avant son élection, à la manière d'un Mohamed Ali bravant son adversaire dans la phase décisive précédant le combat. Nicolas Sarkozy voulait l'emporter. Il voulait l'emporter plus que les autres. Cela explique en grande partie sa victoire de 2007. Les paramètres n'étaient plus les mêmes cinq ans plus tard et nous connaissons l'issue du scrutin de 2012.

---

1 Appelés « *followers* » par les Anglo-Saxons.

La carte d'identité du leader

Les leaders affichent pour autant d'autres qualités ou caractéristiques qui font d'eux des êtres exceptionnels. Ils sont généralement courageux, ne lâchent rien. Ils sont continuellement prêts à prendre des risques pour atteindre leurs cibles et ne s'éloignent que très rarement de leur trajectoire. Ils ne veulent pas transiger sur l'essentiel. Même s'ils placent leur réussite au-dessus de tout, ils ont la plupart du temps défini leur code de valeurs et évitent soigneusement de lui faire entorse. Ils possèdent généralement un réel sens de l'humour – ce qui leur permet de garder une certaine distance par rapport aux choses – ainsi qu'une bonne dose d'humilité. Bien sûr, ils sont par-dessus tout capables de définir une vision aboutie, une stratégie pertinente, une direction enthousiasmante. Plus que quiconque, ils entraînent les autres, mobilisent, motivent, font adhérer. Non seulement ils tracent les contours d'un plan stratégique – dont ils définissent les étapes –, mais aussi la vitesse nécessaire pour sa mise en œuvre effective dans des délais prévus à l'avance.

De toute évidence, ils croient en eux-mêmes et ont conscience de leur potentiel. Ils aident les autres à faire de même et à prendre confiance en eux. Portés par une éthique irréprochable, ils sont généralement authentiques, aiment dire la vérité et vivent dans le concret. Ils sont dans l'opérationnel, dont ils ne s'éloignent que très rarement. Mieux que personne, ils connaissent le risque de l'isolement. Empathiques, charmeurs, très bons communicants, ils se créent facilement des relations[1] de qualité, tissent des liens solides, gèrent leurs émotions, tout en prenant soin de définir le futur. Ils savent parfaitement où ils sont, mais aussi de façon quasi intuitive où ils veulent aller. De ce fait, leur vision est toujours solidement arrimée à la réalité. Ils croient de façon naturelle dans l'avenir et sont résolument optimistes. Un pessimiste de nature a en réalité peu de chances d'être perçu comme un leader. Qui plus est, ils ont cette capacité de décupler les forces de celles et ceux en qui personne ne croyait plus. Ce sont des catalyseurs d'énergie, des « boosters ». Ils donnent l'élan qui manque si souvent aux autres. Les objectifs atteignables par un individu lambda ne les intéressent pas. Ils veulent l'exceptionnel et pour cela repoussent leurs limites personnelles. Ils naviguent bien souvent aux frontières de l'impossible et de l'inconnu.

Nous aurons compris que le leadership diffère en de nombreux points des pratiques managériales. Alors que le manager évolue dans un cadre défini — le respect d'une gouvernance et la recherche d'une stabilité organisationnelle —, le leader s'inscrit davantage dans l'innovation, le mouvement et l'acte de persuasion. Si l'un s'inscrit dans une démarche de « mise sous contrôle »[2], l'autre ne peut exister que dans le « changement ». C'est pourquoi nombre de leaders prennent généralement leur envol dans les périodes de transition ou de transformation. Les entreprises recherchent bien entendu en premier lieu des managers opérationnels, des experts reconnus, de la trempe de ceux qui « feront le job ». Au final, il s'avère souvent aussi préjudiciable d'avoir trop de leaders que d'en manquer.

Il faut se souvenir que le leadership n'est pas un grade. Pas plus qu'il ne constitue un niveau hiérarchique. Personne n'a jamais vu une annonce de nomination dans la presse du type : « *Nous avons le plaisir de vous annoncer la nomination de Monsieur X ou de Madame Y au poste de leader !* » On peut être perçu, vu ou ressenti comme un leader sans avoir pour autant la moindre position ou responsabilité dans l'organisation. À l'inverse, on peut être un dirigeant de poids, avec des centaines, voire des milliers de salariés en supervision directe, sans avoir pour autant les attributs d'un leader. Le leadership est par nature impalpable. Un élément

---

1 On parle d'intelligence relationnelle.
2 On comprend mieux l'expression « il est sous contrôle » à propos d'un manager donné.

totalement immatériel. Certes, nous savons le définir – ne serait-ce qu'intuitivement – au travers des qualités et des caractéristiques qui lui sont habituellement attachées. Pour autant, il reste difficile de cerner les raisons qui font que certains individus présentant toutes les qualités requises pour l'être n'y parviennent pas alors que d'autres – moins prometteurs sur le papier – sont perçus comme tels.

J'ai toujours pensé qu'il existait de nombreux points communs entre l'acte de leadership et celui de séduction. Tout est question d'alchimie. Une sorte de courant électrique qui peut passer entre deux êtres ou entre un individu et un groupe de personnes sans qu'on puisse vraiment l'expliquer. On se situe alors dans l'irrationnel. Un charisme avéré, une personnalité singulière, une certaine forme d'originalité, certains mélanges portent plus que d'autres, « impactent » davantage, sont des caisses de résonance pour des générations entières et permettent au final de conduire de grandes transformations et des réformes de premier plan.

Naît-on leader ou le devient-on ?

Un petit supplément d'âme

Et si le leadership nous était légué par héritage ? Ne serait-ce pas là une énorme injustice ? « La beauté est une demi-faveur du ciel, l'intelligence est un don », dit un proverbe arabe. Qu'en est-il du leadership ? Comme le charisme, il serait une sorte de bonus, ce petit plus qui fait bien souvent toute la différence, un cadeau du ciel, comme celui d'avoir une belle voix ou de bénéficier de qualités athlétiques exceptionnelles. Tous ces dons n'ont pas la même valeur, mais ils constituent indéniablement un avantage qui nous est attribué ou pas à notre naissance. Peut-il en être de même pour le leadership ? Il existe un courant de pensée qui le croit fermement. S'il est évident que nous ne commençons pas tous dans la vie avec le même bagage, j'ai toujours cru qu'ensuite tout devenait possible. Un capital peut se déprécier ou s'apprécier dans le temps. Il peut même se constituer. Rien ne me semble acquis pour toujours. Rien n'est jamais perdu non plus ! Un manager peut bien présenter toutes les qualités de ce qu'il est convenu d'appeler un « leader » et pourtant ne jamais être perçu comme tel, l'inverse étant vrai bien entendu. C'est bien ce qui rend l'apprentissage du leadership passionnant, énigmatique et parfois déroutant.

Quoi qu'il en soit, certains individus possèdent indiscutablement un petit supplément d'âme. Je pense à cette chanson de Michel Berger *Ella elle l'a*, écrite en mémoire d'Ella Fitzgerald. Les paroles méritent que l'on s'y attarde quelques instants : « *Ella, elle l'a ; Ce je n'sais quoi ; Que d'autres n'ont pas ; Qui nous met dans un drôle d'état* ». Ou encore... « *Elle a ce tout petit supplément d'âme ; Cet indéfinissable charme ; Cette petite flamme* ». Pour finalement conclure... « *Tu vois ça ne s'achète pas ; Quand tu l'as tu l'as.* » L'essentiel serait déjà joué à notre conception. Et si c'était vrai ? Certains êtres seraient ainsi prédisposés à devenir des leaders, que ce leadership soit d'ordre intellectuel, spirituel, artistique, politique ou entrepreneurial.

Que les sceptiques attendent encore un peu avant de hausser les épaules. Une étude de 2013, conduite par cinq chercheurs et publiée dans la revue *The leadership Quarterly*[1], semble en effet apporter de l'eau au moulin de

---

1 L'étude « Born to lead: a twin design and genetic association study of leadership role occupancy », de Neve, J. E., University College London, Centre for Economic Performance, London School of Economics, Mikhaylov, S., University College London, Dawes, C. T., New York University, Christakis, N. A., Harvard Medical School, Fowler, J. H., University of California, San Diego, a été publiée dans *The Leadership Quaterly*, Vol. 24, n° 1, février 2013, pages 45-60.

ceux qui sont persuadés du caractère héréditaire du gène du leadership. Les auteurs auraient en effet découvert une séquence ADN qui serait à l'origine de capacités innées – acquises à la naissance – permettant à leur détenteur d'endosser le costume de dirigeant ou de leader plus facilement. Ce gène – connu sous le nom de « rs4950 » – permettrait à certains individus de démarrer dans la vie avec un avantage compétitif. De quoi saper le moral des autres ! Cette étude est du reste la première du genre. Elle a permis de comparer des échantillons d'ADN de plus de quatre mille personnes en prenant en compte des critères liés à la situation professionnelle et à l'environnement de travail.

Qu'il puisse exister un génotype relatif au leadership, après tout pourquoi pas ? Cela permettrait d'expliquer pourquoi certaines familles parviennent sur de très longues périodes à faire éclore de nombreux talents en leur sein. Ce fut le cas de la famille Kennedy qui permit à plusieurs de ses membres d'accéder à des fonctions prestigieuses, le plus connu étant le trente-cinquième président des États-Unis d'Amérique, John Fitzgerald Kennedy (JFK).

Trois écoles

Plutôt que de génétique, ne s'agirait-il pas d'une forme de mimétisme ? Nous avons tous tendance en effet à imiter les personnes que nous admirons ou que nous aimons. Cela commence dès notre plus jeune âge avec nos parents, une sœur, un frère ou un oncle. Nous poursuivons avec nos maîtres à l'école, un professeur d'université ou plus tard un patron. La culture joue également un rôle primordial. Elle s'acquiert tout au long de la vie, de mille façons. La culture conditionne ce que nous sommes et influence à chaque instant notre démarche, nos pensées et nos actions. Tout comme le facteur « chance ». Faire de bonnes rencontres peut changer une vie, aussi bien sur un plan professionnel que personnel. Dans les deux sens du reste. La liste n'est certainement pas exhaustive, mais elle montre sans ambiguïté que si la génétique peut expliquer une partie de ce que nous sommes, elle ne peut être le seul élément explicatif. D'ailleurs, contrairement à la famille Kennedy, la majeure partie des réussites se font sans le moindre antécédent familial.

Pour autant, l'affirmation suivante revient fréquemment : « *Leaders really are born and not made.* »[1] Il existe en réalité trois courants de pensée[2]. Le premier défend l'idée d'un « leadership inné »[3]. C'est un peu le syndrome « superman », celui qui peut tout, qui dispose à la naissance de tous les attributs qui le conduiront à réussir assurément. Ce mouvement est à rapprocher de la « théorie du grand homme »[4], à la frontière du darwinisme et de l'eugénisme, dont nous connaissons par ailleurs les limites et les dangers. Bien qu'il ait connu son apogée dans l'entre-deux-guerres, il perdure aujourd'hui encore, renforcé de fait par les conclusions des travaux cités précédemment. Il marque cependant le pas dans les années 1970 pour laisser place à l'école du « leader contextuel »[5] qui développe l'idée qu'on

---

1 « *On naît leaders, on ne le devient pas.* »
2 Selon les idées défendues par les professeurs Michel Barabel et Olivier Meier, coauteurs de *Manageor*, Dunod, 2010, 2e éd.
3 Bandura, A., « Self-efficacy: toward a unifying theory of behavioral change », *Psychological Review*, Vol. 84, 1977, pages 191-215.
4 Cette théorie tente d'expliquer l'histoire par l'action d'un homme. Lancée en 1840 par l'écrivain écossais Thomas Carlyle, elle fut l'objet de critiques en 1860 du philosophe et sociologue anglais Herbert Spencer, qui affirmait que de tels grands hommes n'étaient que le produit de leur société et que leurs actions auraient été impossibles en dehors des conditions sociales, politiques, économiques et environnementales existant à leur naissance.
5 Mangi, R.A., Ghumro, I.A., Abidi, A.R., « A view on leadership skills and qualities with reference to crisis, change and employee relationship », *Interdisciplinary Journal of Contemporary Research in Business*, Vol. 3, n° 7, novembre 2011, pages 398-408.

ne naît pas leader mais qu'on le devient en fonction des circonstances et du contexte dans lequel on évolue. Charles de Gaulle aurait-il pu connaître le destin fabuleux qui fut le sien sans les événements de la Seconde Guerre mondiale ? Vient enfin l'école processuelle[1], qui considère que le leadership s'acquiert avec l'expérience et donc dans le temps.

Il n'est sans doute pas nécessaire de choisir entre ces différentes approches. Le leadership se forme probablement au carrefour des trois, avec des équilibrages différents selon les individus. Barack Obama est sans aucun doute né sous une bonne étoile. S'il possède des qualités intrinsèques qui le distinguent des autres, il s'est aussi trouvé au bon endroit, au bon moment, pour exercer ses talents et se forger dans le temps un profil de « présidentiable » par le biais d'un apprentissage familial, religieux, universitaire, social et politique. Le succès est au final un mélange de tout cela. Un « milkshake » de la réussite !

Si une partie du leadership est héréditaire, il ne peut être que cela. C'est du reste ce que pensent également les chercheurs précités, puisqu'ils affirment en guise de conclusion : « *Celles et ceux qui disposent du gène rs4950 ont 25 % de chances supplémentaires d'exercer un rôle de leader au cours de leur carrière.* »[2] Reste donc à peaufiner les 75 % restants. Cela laisse une certaine marge ! Et c'est finalement plutôt rassurant.

Au royaume des narcissiques

Comme nous l'avons vu, Maccoby est sans doute celui qui a transposé avec le plus d'efficacité la théorie freudienne des types libidinaux au monde du business et du leadership. Je n'ai pas découvert le profil narcissique à Oxford. J'ai toujours vu ce type de personne comme une forte personnalité capable de prendre rapidement l'ascendant sur les autres. Jeune étudiant, il m'apparaissait comme un conquérant, bousculant constamment l'ordre établi et endossant avec une facilité déconcertante le rôle de leader au sein d'un groupe. De la Genèse à nos jours, ces types de leaders ont souvent jailli pour inspirer les autres, guider les peuples, en leur donnant une vision, un but, un horizon. Pourtant, ils ne sont pas toujours conformes à l'idée que nous en avons. C'est cela dont j'ai pris conscience à Oxford, grâce à l'intervention du professeur Maccoby.

---

1 Cristol, D., « L'enseignement des sciences de gestion s'oppose-t-il à l'apprentissage du management ? », *Revue internationale de psychologie*, vol. XV (2009), pp. 307-325..
2 Avec le risque de voir un jour se multiplier les tests génétiques pour mesurer les aptitudes managériales ou de direction de candidats.

Dans l'*Éthique à Nicomaque*, Aristote nous parle de l'égoïsme. Tourné sur lui-même, l'individu qui en souffre – nombriliste par essence – tend à n'être concerné que par ses seuls désirs et intérêts propres. Ce regard proprement intérieur exclut l'autre et ne correspond pas à l'ouverture que doit avoir celui qui gouverne. Le philosophe grec donne cependant une lecture plus positive de l'égoïsme qu'il qualifie d'amour de soi, ce qui consiste à aimer une certaine forme de représentation de sa personne, faite de connaissances (l'intellect) et de beauté. Sans le nommer ainsi, Aristote est sans doute le premier intellectuel à définir les mécanismes du narcissisme. Dans sa lignée, d'autres penseurs vont poursuivre ce travail... jusqu'à Freud.

Par la voix et la plume de Saint Augustin, le christianisme jugeait l'individu coupable lorsqu'il s'éloignait de Dieu, le fameux « péché d'orgueil ». Pour celui qui fut l'un des Pères de l'Église, l'orgueil était souvent la cause de nombreux maux. Douze siècles plus tard environ, La Rochefoucauld voyait dans l'amour-propre un élément d'analyse du rapport d'un individu à lui-même. Mais alors qu'il s'affranchissait de la pensée chrétienne, il n'en était rien pour Pascal qui – dans une verve proprement augustinienne – considérait que le « *moi [était] haïssable* ». « *Qui ne hait en soi son amour-propre et cet instinct qui le porte à se faire Dieu est bien aveuglé* », écrivit-il. Cette phrase reflète bien l'état d'esprit qui régnait à l'époque. Le modèle du chef omniprésent, écrasant tout sur son passage, au risque de se prendre pour l'être suprême, n'est pas la référence universelle. Rousseau affirma pour sa part que la recherche de reconnaissance amenait les individus à se comparer, à se jauger, parfois à se jalouser, et qu'elle générait presque toujours des passions extrêmes, elles-mêmes sources de conflits et de désordres. Ainsi, le moralisme – dont la pensée dominait en cette fin de XVIIIe siècle – incitait l'homme bienveillant à faire don de sa personne (« le don de soi »). Le profil narcissique n'était alors indéniablement pas la panacée.

En France, c'est sans doute avec la révolution que le concept prit réellement corps. Cette période troublée vit en effet émerger des tribuns qui transfigurèrent la nation, sur fond de république et de liberté, à l'instar des Grecs deux millénaires plus tôt, en jetant les bases de la démocratie. Que penser des Saint-Just, Robespierre et autres Danton ? N'ont-ils pas laissé à certains moments leur goût du pouvoir prendre le pas sur le reste ? Dans tous les cas, ils auront fait de la fameuse devise « Liberté, égalité, fraternité » un idéal pour le monde occidental, des principes qui perdurent !

Il fallut attendre Nietzsche pour voir l'amour de soi réhabilité. Le philosophe montra notamment que l'égoïsme n'était pas négatif lorsqu'il permettait le dépassement de soi. Dans *Crépuscule des idoles* (1888), il parlait d'une « *ligne ascendante* » aidant à « *créer son optimum de conditions vitales* ». La voie était ouverte pour Freud. Ses travaux sur les types libidinaux allaient être déterminants. La notion de narcissisme a donc mis du temps à se dessiner, du moins dans la forme que nous lui connaissons aujourd'hui. Mais au fait, d'où vient la notion même du narcissisme ?

Le drame de Narcisse

Revenons sur l'un des principaux postulats du professeur Maccoby : « *À travers l'histoire, des personnalités narcissiques ont toujours émergé pour inspirer les autres et dessiner le futur.* »[1] S'il admet qu'il peut y avoir un narcissisme productif et un autre qui ne l'est pas — en d'autres termes le narcissisme ne conduit pas toujours au meilleur —, il considère malgré tout que c'est à l'intérieur de cette catégorie que l'on trouve la graine des leaders. Comme nous l'avons vu, il pense aussi que les personnalités érotiques font de piètres managers et ne se montre pas plus convaincu par les profils obsessionnels. Si ces derniers font généralement de très bons managers opérationnels, il leur voit moins d'atouts que les narcissiques pour attirer les « suiveurs » et définir une vision crédible[2].

Si nous sommes d'accord pour reconnaître que le profil narcissique présente des qualités indéniables pour accéder à des postes de commandement, il pourrait être beaucoup moins « impactant » dans les temps à venir. Il faut se souvenir que le leadership est fortement influencé par les circonstances et l'environnement. Et les challenges d'hier ne seront pas ceux de demain. Maccoby se demande par exemple quelle aurait été la vie de Napoléon Ier s'il était né à notre époque ! C'est une bonne question. Qui peut dire ce qu'il aurait fait ? Aurait-il eu une aussi grande importance dans l'histoire de France ?

---

1 « *Throughout history, narcissists have always emerged to inspire people and to shape the future* », in « Narcissistic Leaders: the incredible pros, the inevitable cons », *The Harvard Business Review*, janvier-février 2000.

2 « *When it comes to leadership, personality type can be instructive. Erotic personalities typically make poor managers — they need too much approval. Obsessives make better leaders — they are your operational managers: critical and cautious. But it is narcissists who come closest to our collective image of great leaders*».

Introduit par Freud en 1914 dans sa métapsychologie, le narcissisme traduit une certaine confiance en soi et dans certains cas — lorsqu'elle est excessive et non maîtrisée — une importance irraisonnée que l'on accorde à son image. Dans les dictionnaires on lit ainsi : « *contemplation de soi* » ou « *attention exclusive portée à sa personne* ». Ce terme trouve en réalité son origine dans le mythe grec de Narcisse[1]. Et c'est sans aucun doute là que se trouve la véritable limite des narcissiques !

Un individu est constitué d'un mélange de plusieurs types de personnalités et c'est cela même qui fait toute la différence entre deux personnes.

Mélange de types

Au cours des dernières décennies, la personnalité des dirigeants s'est profondément modifiée pour s'adapter aux évolutions sociétales décrites précédemment. Bien que la prédominance narcissique soit très forte, nous sommes presque toujours le résultat d'une combinaison plus ou moins bien

---

1 Dans l'impossibilité de répondre à l'amour de la nymphe Écho, Narcisse se juge responsable de sa mort et incapable d'aimer. S'extasiant devant son reflet dans l'eau et donc confronté à un nouvel amour inaccessible, il meurt à son tour et se transforme en une fleur qui porte depuis son nom.

équilibrée de deux des trois types freudiens, dont l'un s'avère dominant. Lorsqu'il est représenté, le troisième est généralement anecdotique. C'est pourquoi nous parlons de personnalités érotico-narcissiques, érotico-obsessionnelles ou narcissiques-obsessionnelles. La variété de profils qui en résulte explique la diversité de nos réactions face au succès ou lorsque nous sommes confrontés à des situations de risque extrême, d'échec ou de choc émotionnel.

En position d'exercice du pouvoir, il est cependant fréquent de trouver des narcissiques dominants. Au contact de tels profils et eu égard à leur ego, il est très difficile d'exister et de trouver sa place. Souvent imprévisibles, parfois irréalistes, ils basculent vite dans l'excès. Et ce goût pour l'extrême se retrouve dans tout ce qu'ils font, rendant leur mise sous contrôle complexe, voire impossible. Néanmoins, les leaders narcissiques dominants apportent une contrepartie non négligeable : ils font aboutir les projets et flirtent très souvent avec le succès. Ils s'affranchissent dès qu'ils le peuvent des contraintes susceptibles de ralentir leur marche, éliminent les obstacles potentiels et savent prendre des risques. Ce sont là des qualités uniques qui les différencient de l'individu lambda, faisant d'eux des êtres à part, rares à dénicher. Des personnalités tellement précieuses que de nombreux conseils d'administration – conscients de leur valeur – préféraient jusqu'à présent les protéger et parfois passer l'éponge, même en cas de sortie de route.

En réalité, ce n'est donc pas le narcissisme qui est un problème, mais sa proportion dans le profil général d'un individu et surtout sa propension à prendre peu à peu le pas sur les autres types. Reste alors à savoir comment en contrôler les excès et les extravagances potentiels.

La fabrique à leaders narcissiques égocentrés

Que peut-il y avoir de commun entre Moïse, Alexandre le Grand, Jules César, Cléopâtre (VII), Godefroy de Bouillon, Robespierre, le général de Gaulle, Golda Meir ou Jean-Paul Sartre ? Certainement d'avoir tous marqué leur temps et laissé un immense héritage. Sans oublier qu'ils ont su donner du sens à leur action. Porteurs d'un message de paix, à la tête d'une armée, engagés dans une croisade, une libération ou un combat politique, ils ont œuvré pour faire valoir leurs idées, leur vision du monde et au final leurs valeurs. On peut avoir un goût prononcé pour le pouvoir sans renoncer pour autant à ce que nous considérons comme essentiel. Cela suppose bien sûr de ne pas être exclusivement tourné sur soi-même et de s'intéresser aux autres, au projet collectif. Narcissique, chacun d'entre eux l'était assurément – du moins en partie – mais cela ne pouvait être la seule caractéristique de ce qu'ils étaient vraiment. Ils n'auraient pu accomplir de tels destins s'ils n'avaient eu en eux autre chose, une force plus puissante, plus vitale, une ambition dépassant leurs seuls intérêts personnels.

L'origine des leaders a évolué dans le temps. Issus hier des rangs de l'Église, de l'armée ou du monde politique, ils émanent aujourd'hui pour une vaste majorité de la société civile. Ce sont eux qui mènent la danse à présent. Ils créent les conditions du changement, provoquent des ruptures et définissent le cadre dans lequel nous vivons. Les exemples ne manquent pas : John D. Rockefeller, Thomas Edison, ou plus récemment Jack Welch, Bill Gates, Steve Jobs, Richard Branson, Elon Musk ou encore Mark Zuckerberg. Par leurs actions, ils impactent certes leur environnement direct mais également la société tout entière. Ils nous amènent à modifier nos comportements et parfois même à revoir nos modes de vie.

Ainsi, lorsque Lou Gerstner, arrivé à la tête du géant américain IBM en 1993, a inventé le concept de l'e-business, il a certes changé la donne pour Big Blue, mais aussi révolutionné le monde des affaires dans sa globalité. Il a permis l'émergence de nouveaux modèles d'affaires fondés sur l'Internet. Quand Steve Jobs retrouva de son côté la tête d'Apple Inc. à la fin des années 1990, il multiplia les innovations – iMac, iPod, iPhone et iPad – transformant la vie de centaines de millions d'individus par le biais d'outils et d'applications inédits. Ces deux exemples montrent à quel point des leaders visionnaires peuvent bouleverser le champ des possibles.

Il est en revanche plus difficile de savoir ce qui les animait vraiment. Le goût du pouvoir ? L'argent ? Ce sont pour beaucoup des motivations suffisantes. Pourtant, avec Gerstner ou Jobs, nous devinons que l'enjeu était ailleurs. Le sens de leur démarche s'inscrivait dans une certaine vision du monde, le désir de bousculer le *statu quo* existant et d'entraîner derrière eux un mouvement fédérateur. Jobs était sans aucun doute un cas unique. Certainement égocentrique, subtilement brillant, l'homme faisait partie de ces pépites rares qui ne surgissent qu'une fois toutes les deux ou trois générations. D'un côté un entrepreneur, de l'autre un dirigeant, au final deux talents qui ont su insuffler une nouvelle dynamique dans des groupes en difficulté.

Pour autant, certains aspects de la personnalité d'une partie des leaders actuels peuvent nous laisser songeurs. Obsédés par leur image ou l'argent, leur démarche est souvent floue, parfois ambiguë, presque toujours égocentrique. Ils amassent fréquemment des fortunes considérables, dans des délais très courts, sans que cela soit toujours justifié. Ils sont sur tous les fronts médiatiques, sans que l'on comprenne toujours ce qu'ils produisent réellement. Ces excès sont bien sûr nocifs à l'équilibre de notre société et à l'image que nous nous faisons d'un dirigeant.

Certes, nous voulons des leaders engagés, responsables et charismatiques, pas des profils passe-partout, rébarbatifs et sans saveur. Nous sommes en quête de leaders équilibrés en somme ! Cependant, force est de constater que notre société s'est transformée en une « fabrique à leaders narcissiques », des êtres généralement incapables de dompter leurs ambitions et de maîtriser leur *ego*. Elle les a propulsés sur le devant de la scène et érigés en héros universels. Et si nous sommes parvenus à les gérer jusqu'ici — non sans mal du reste – nous n'y arrivons plus à présent. D'abord parce que c'est un cercle vicieux dont on ne peut sortir indemne. Le modèle sociétal actuel nourrit le narcissisme. Il lui fournit toutes les vitamines dont il a besoin pour survivre, et même pour se développer. Ensuite parce que les personnalités à tendance narcissique sont rapidement ingérables, en particulier parce qu'elles deviennent vite imprévisibles.

Le problème se pose réellement lorsque ces personnalités deviennent destructrices. Voyons à présent en quoi et dans quelles circonstances elles peuvent être amenées à déraper.

■■■■ Le narcissique destructeur

Le revers de la médaille

« *Some men see things as they are and say why. I dream things that never were and say why not* » affirma George Bernard Shaw[1]. Le narcissique productif ne veut pas extrapoler le futur, mais le créer, le dessiner. Il porte en lui cette ambition et est convaincu d'être né pour cela. Performant dans les périodes difficiles, il peut se montrer exécrable le reste du temps. Dans une tempête, il se révèle en effet redoutable d'efficacité, car il ne se démonte pas. Napoléon Ier – personnalité fortement narcissique – aurait dit selon Maccoby : « *Revolutions are ideal times for soldiers with a lot of wit and the courage to act.* »[2] La force de conviction d'un narcissique productif est immense. Ses discours enflammés ont un impact généralement retentissant sur ceux qui le suivent. Pour s'en convaincre, il suffit d'écouter les allocutions de John F. Kennedy ou de Winston Churchill.

Tout devrait donc aller pour le mieux. Et pourtant, le narcissiste productif porte aussi en lui les germes de sa propre destruction. Dépendant des « suiveurs » – il cherche en eux un regard bienveillant et admiratif – il peut très vite sombrer dans des formes de paranoïa, se voyant des ennemis partout. Car il existe un revers à la médaille du narcissique, une face cachée. Ce qui les porte au succès un jour peut les perdre le lendemain. Mieux vaut le savoir pour mettre en place les paravents nécessaires, les solutions préventives qui les empêcheront le moment venu de commettre l'erreur fatale. Est-ce seulement possible ?

---

1 « Certains hommes voient les choses comme elles sont et demandent pourquoi. Je rêve à des choses qui n'ont jamais existé et me demande pourquoi pas » (traduction libre de l'auteur ; extrait de la pièce de théâtre *En remontant à Mathusalem*, 1920).

2 « Les révolutions sont des périodes idéales pour révéler les soldats qui ont beaucoup de volonté et le courage d'agir » (traduction libre de l'auteur).

Nous verrons qu'il existe des solutions – le coaching par exemple –, mais que leur mise en œuvre n'est pas simple puisqu'elles dépendent justement du narcissique ! Cela revient en effet pour ce dernier à se placer de façon spontanée sous surveillance lorsqu'il se sent ou se croit incapable de contrôler ses pulsions et ses impulsions. C'est un peu comme s'il appelait la police pour s'accuser d'un méfait qu'il n'a pas encore commis, qu'il ne commettra peut-être jamais, mais qu'il se croit capable d'accomplir ! Et pourtant, il est des moments où même les esprits les plus brillants tournent en boucle et ne parviennent plus à contrôler leurs actes. Pour en arriver là, encore faut-il avoir à la fois la lucidité de le comprendre, le courage d'agir et l'intelligence de demander de l'aide. Une gageure pour tout leader narcissique qui n'aime pas être entravé dans son action. Rappelons-nous qu'il n'est jamais aussi brillant que lorsqu'il peut s'exprimer à bride abattue, tel un pur-sang sauvage.

Plus à l'aise pour générer des émotions chez les autres que pour gérer les siennes, le leader narcissique écoute peu et parle beaucoup. Sa nature le pousse à endoctriner les autres pour les rallier à ses idées, à la cause qu'il défend. Par voie de conséquence, le bénéfice qu'il tire de ses relations avec autrui est très limité. Au fond, l'autre ne l'intéresse pas vraiment. Il ne présente d'intérêt pour lui qu'en tant que « suiveur », c'est-à-dire futur adepte de sa stratégie, de ses idées ou de ses projets, et inconsciemment de ses désirs et souhaits[1]. Il s'entoure généralement d'individus possédant une personnalité faible – des êtres relativement soumis ou dociles – plutôt que de personnes charismatiques ayant du caractère.

En d'autres termes, il élimine tous ceux qui sont susceptibles de lui résister ou de lui faire de l'ombre et finit par tout mélanger lorsqu'il prend ses décisions, ne sachant plus faire la part des choses entre ce qui est dans l'intérêt de l'entreprise et ce qui lui plaît ou lui déplaît à titre privé. Il mêle parfois sans discernement ses questionnements professionnels et ses états d'âme personnels et éprouve de réelles difficultés à ériger des barrières étanches entre les deux mondes. Il se retrouve souvent entouré de « béni-oui-oui ». C'est généralement dans ce type de situation que les choses se gâtent et se complexifient pour lui. Il peut alors à tout moment basculer du narcissisme productif au narcissisme destructeur.

---

1   Il cherche alors à établir une relation maître-esclave.

Le fou-du-roi

Se positionnant au-dessus des autres, il est rare que le narcissiste productif – qui se mue souvent en destructeur – considère un interlocuteur comme étant crédible et capable de le juger. S'il peut se montrer chaleureux et amical, il prend soin en général de garder les autres à une distance respectable. Celle qui sépare selon lui leurs niveaux respectifs. Le narcissique pense en réalité qu'il doit une partie de sa réussite au fait justement de… ne pas écouter les autres ! Plutôt à l'aise en société, mais manquant singulièrement d'empathie, il éprouve presque toujours une réticence profonde à se confier et à créer une forme d'intimité avec autrui. De grands hommes comme Churchill ou le général de Gaulle n'étaient pas particulièrement relationnels. Ils ont pourtant inspiré et guidé des millions de personnes. Il y a là quelque chose de profondément paradoxal.

La froideur apparente du narcissique lui permet en réalité de se prémunir et de ne pas se laisser perturber dans son action. Il ne se perd pas dans des discussions inutiles, sait se concentrer sur l'essentiel et accorde peu de crédit aux états d'âme. Pour parvenir aux résultats, il n'hésite pas à exploiter les autres pour ce qu'ils savent faire. C'est pourquoi les narcissiques sont si souvent nécessaires en période de troubles – guerre, révolte, crise, plan social, grève ou autres mouvements nécessitant une intervention énergique – et rejetés lorsque tout est apaisé. Il est dès lors difficile de leur accoler un mentor ou de leur proposer de le devenir pour de jeunes pousses prometteuses au sein d'une entreprise. Quand ils le font, ils se complaisent à faire de leurs protégés de pâles copies d'eux-mêmes.

L'intense désir de compétition qui les dévore de l'intérieur les amène parfois à se montrer rudes et sans limites avec leur entourage. Rien ne compte davantage pour eux que de l'emporter. Quand ils n'obtiennent pas ce qu'ils veulent, ils peuvent être intransigeants et oublier la courtoisie. Il y a derrière cette façade un besoin de reconnaissance et de gloire. Et pour atteindre leurs objectifs, ils aiment à créer autour d'eux un sentiment d'urgence ou de mobilisation générale.

L'excès conduit presque toujours les narcissiques aux pires catastrophes. Excès de confiance sans doute. Un besoin extrême d'aller toujours plus loin, de franchir des lignes jaunes, de ne jamais freiner, de taquiner les limites de l'acceptable en oubliant parfois que les lois et les règles de bonne conduite s'appliquent également à eux.

Sans cette face noire, les narcissiques productifs seraient très proches du profil idéal. Leur contribution au progrès de l'humanité – dans tous les domaines – est là pour nous le rappeler. Mais ce côté plus sombre existe bel et bien. Et lorsqu'ils basculent, cela peut aller jusqu'à la paranoïa, la rage, la colère extrême, des actes violents, une forme d'aliénation des sens. C'est de l'ordre du psychologique. Ils peuvent totalement déraper. Bien sûr, tous les narcissiques ne finissent pas ainsi, mais quand ils sortent de la route, les conséquences sont souvent dramatiques. Hitler, Mussolini ou Staline en sont de bien tristes exemples. Il en va de même dans l'entreprise où les conseils d'administration ont tout intérêt à repérer les potentielles dérives de leurs dirigeants pour y remédier avant que les dommages soient irréparables. Freud pensait d'ailleurs que le narcissique était le type de personnalité le plus difficile à analyser, en particulier du fait de son côté imprévisible. Selon le psychiatre et psychanalyste américain d'origine autrichienne Heinz Kohut[1], seuls les psychiatres sont aptes à déceler un caractère pathologique dans le comportement d'un narcissique.

---

1 Kohut, H., *Le Soi : la psychanalyse des transferts narcissiques*, coll. « Le fil rouge », PUF, 2004.

Pour tenter de les mettre sous contrôle, rien ne vaut la technique du fou-du-roi[1]. Il s'agit de placer auprès du narcissique une personne de confiance pour occuper le rôle de confident et de conseiller, un coach attitré qui le suit pas à pas, d'une entreprise ou d'une mission à une autre. Véritable sherpa, intelligent, cultivé, il a généralement mis sa carrière entre parenthèses pour se consacrer à son leader et porte habituellement le titre de « conseiller spécial du président » ou « chargé d'une mission stratégique ». Il est le seul à pouvoir lui donner un avis direct, sincère et critique. Il peut même dans certaines circonstances le bousculer, en y mettant les formes bien sûr et à condition de le faire à l'abri des regards indiscrets. Le leader narcissique aura tendance à écouter cet homme de l'ombre. C'est quand il cesse de le faire qu'il y a danger, car il n'existe plus alors aucun rempart, aucune soupape de décompression. Le fou-du-roi est une sorte de bouée de sauvetage. Cela marche tant que le leader voit en lui une extension de lui-même, quelqu'un qui le comprend à demi-mot et ne représente pas une menace directe pour lui. Bien que complexe, cette relation est souvent efficace, surtout si le fou-du-roi comprend les enjeux opérationnels, ce que le leader veut vraiment accomplir.

Le narcissisme n'est donc pas une tare. Aspect essentiel dans la personnalité d'un leader, il convient juste d'en maîtriser les effets et de développer les autres éléments constitutifs d'un profil équilibré.

Pour qui sonne le glas[2]

Un profil faussement idéal

Nous commençons à mieux cerner la personnalité du leader narcissique. Il porte en lui les qualités intrinsèques qui le conduiront naturellement sur le devant de la scène. Mais il y a donc aussi une face cachée, des aspects négatifs qui – non contrôlés – peuvent l'amener à déraper, et ce qui est plus grave, à entraîner dans sa chute tous ceux qui le suivent aveuglément. Être un profil narcissique dominant ne constitue donc pas le problème. Ne pas être en mesure d'en contrôler les débordements l'est beaucoup plus. De nombreux patrons ou chefs de gouvernement nous ont ainsi offert un spectacle peu réjouissant depuis la fin des années 1970, période qui marque un revirement dans les modes de management. Les scandales en tout genre

---

1 Cette théorie porte le nom de « *trusted sidekick* » dans la littérature anglo-saxonne. On peut citer l'exemple de Don Quichotte et Sancho Panza.
2 Titre du roman d'Ernest Hemingway, 1940.

se sont multipliés au fil du temps, décrédibilisant les élites. Internet et les réseaux sociaux n'ont alors fait qu'accélérer le mouvement.

Bien sûr, il faut d'abord se souvenir de leurs points forts, car ils sont capables du meilleur. Même si tout le monde a entendu parler de la difficulté de travailler avec Steve Jobs, de ses colères, des effets collatéraux de son leadership, il n'en demeure pas moins qu'il était un génie, révolutionnant plusieurs fois le monde du business. Et pour longtemps. Nous pourrions également citer le cas des fondateurs de Google qui ont eu le mérite de céder très vite les commandes du groupe à un opérationnel averti. Il n'en est pas toujours ainsi. Beaucoup d'entreprises ont connu des développements vertigineux, dopées et « boostées » par l'effet « dot.com » et les impacts de l'« e-business », des valorisations capitalistiques totalement déconnectées de la réalité, pour ensuite s'effondrer, entraînant dans leur naufrage épargnants et salariés. Les profils narcissiques ne lâchent pas prise facilement. Ils ont rarement la clairvoyance de détecter le moment opportun pour arrêter la machine.

Le monde a changé en très peu de temps. Les financiers ont pris le pouvoir un peu partout, l'argent est devenu le baromètre absolu de la réussite et les gouvernements peinent à la tâche. Par conséquent, les leaders actuels ne savent plus donner du sens à leurs actions, du souffle et du corps à leur démarche et définir une vision crédible. Et c'est bien ce manque que nous ressentons. Et s'ils avaient de quoi le combler, le pourraient-ils ? Le voudraient-ils ? Auraient-ils la possibilité d'agir sans tenir compte du pouvoir en place, de ceux qui le détiennent vraiment ? Et que faire des médias et des sondages ? L'opinion des masses compte plus que tout au final. Conséquence logique : on ne fait rien ou pas grand-chose. Juste ce qu'il faut, du « calculé », ce qui est nécessaire pour ne pas créer le chaos, choquer ou contrarier. Cependant, ce mode de fonctionnement – soit une mise sous contrôle permanente – n'est plus suffisant et nous le savons bien. La pluie de météorites qui s'abat sur nous depuis des années fait peu à peu chanceler notre modèle, l'éreintant de toutes parts, le poussant aux limites de sa cohérence. La crise grecque n'en est qu'une illustration édifiante.

Dans ce contexte, les personnalités narcissiques peuvent conduire leurs équipes aussi bien vers les sommets que dans le mur. Ils font tout à fond, à pleine vitesse, sans dosage. C'est une force certes, mais aussi une faiblesse, puisqu'ils peuvent aller jusqu'à casser ce qu'ils ont construit avec patience et passion. C'est d'autant plus étrange qu'ils veulent avant toute autre chose laisser une trace[1]. À la différence des personnalités érotiques, ils veulent être admirés et non aimés. À la différence des obsessionnels, ils peuvent se montrer très agressifs pour atteindre leurs objectifs car ils ne supportent pas l'échec.

Forts de cette grille de lecture, nous pourrions en conclure que le narcissique correspond finalement assez bien au leader emblématique que nous recherchons tous intuitivement, à condition de gérer ses points faibles. Ce serait pourtant une conclusion erronée, car pour affronter les défis de demain, le narcissique productif – surtout s'il est plus ou moins pur – ne possède pas toujours le profil idéal. Adapté pour rechercher l'excellence opérationnelle, il devient notoirement plus incertain dans un monde plus encadré, où d'autres facteurs doivent être intégrés. Habitué des sorties de route, il veut avoir les mains libres pour agir, car dans son esprit, seuls les résultats comptent, pas la manière de les obtenir. C'est pourquoi nous voyons tant d'affaires sordides émerger depuis des années. Le narcissique ne s'embarrasse pas de contrôle ou de procédures et agit selon son propre référentiel. Il fait ce qu'il croit être acceptable, sans se soucier de l'avis ou du jugement des autres. S'il faut des fonds pour financer une campagne ou combler un déficit, il s'en procure, en allant les chercher là où ils se trouvent, quitte à franchir parfois des lignes rouges. Malheureusement pour lui, ce qui était acceptable hier ne l'est plus aujourd'hui. Les malversations ou comportements inappropriés sont vite détectés et sanctionnés. Les marchés et les conseils d'administration veillent et l'individu lambda n'est plus d'accord pour valider des agissements inacceptables.

En d'autres termes, notre société s'est peu à peu transformée en un véritable champ de mines pour le leader narcissique. Pris au piège d'une rupture sociétale qu'il n'a pas vue venir, ses défauts se sont peu à peu mus en obstacles insurmontables.

Place aux révolutionnaires !

L'histoire est en marche. Elle a maintes fois poussé les hommes à s'adapter. Elle ne s'arrête pas et broie tout sur son passage. Et les prochaines victimes devraient être les narcissiques productifs « purs ». Du moins

---

1 « *Narcissistic leaders want, and need, to leave behind a legacy* » (Michael Maccoby dans un article de l'édition de janvier 2004 de *Harvard Business Review*, « Narcissistic leaders: the incredible pros, the inevitable cons »). En d'autres termes, ils veulent laisser derrière eux — par besoin ou par nécessité — un héritage.

ceux qui auront refusé de changer ou qui n'auront pas su le faire. Mais le peuvent-ils ? Il nous faut éclairer le chemin différemment. Et pour tenir la lampe torche, nous sentons bien qu'il nous faut un nouveau type de leader, car la crise de ces dernières années s'est révélée différente des autres. Il faut le faire évoluer, lui donner une nouvelle orientation, une connotation plus existentielle, plus spirituelle aussi. Plus proche de l'humain finalement.

Pour qui sonne le glas. En songeant à l'avenir des narcissiques m'est venu à l'esprit le roman d'Ernest Hemingway dont j'avais dévoré les pages étant adolescent. Son titre m'avait frappé. J'ai pensé un temps que c'en était fini de ces personnalités très marquées. Je voyais bien que l'heure n'était plus à l'individualisme et à un égocentrisme exacerbé, mais plutôt à l'expéri-mentation, à l'innovation, à la créativité, au partage et au sens collectif. Et pourtant, j'ai vite compris que les narcissiques avaient toujours été là, omniprésents dans l'antre du pouvoir, dominateurs. S'ils avaient été affai-blis à certains moments de notre histoire, ils s'étaient toujours relevés. Et même si cette fois tout semblait aller contre eux, j'ai fini par me convaincre qu'ils survivraient encore à cette période, mais cette fois après avoir lâché du lest. Beaucoup de lest.

Pourquoi tant de résistance ? En premier lieu parce que leur nature profonde les pousse à prendre les rênes. Ils ne sont pas faits pour être des suiveurs. Il existe cependant une autre raison plus conjoncturelle. Alors même que le monde est en pleine ébullition, que tous les modèles en place sont en pleine mutation, que nous sommes engagés dans une transformation digitale sans précédent, des innovateurs de génie ont émergé un peu partout et secoué l'ordre établi. Ces créatifs, ces inventeurs – citons Steve Jobs, Elon Musk ou encore Jeff Bezos – « challengent » les entreprises en position de monopole ou de quasi-monopole pour contester leur suprématie. Ces révolution-naires ont un avantage et il n'est pas négligeable : ils obligent les leaders narcissiques en poste dans tous les secteurs, toutes les activités et tous les gouvernements du monde entier à se concentrer sur leurs responsabilités et à réussir.

Les narcissiques dérapent lorsque tout va bien et qu'ils ont du temps. Ils sont efficaces et utilisent pleinement leur potentiel lorsqu'ils sont sous pression et dans l'obligation de produire des résultats. De façon paradoxale, en les attaquant, les révolutionnaires vont les sauver en leur permettant de se réinventer ! **Les narcissiques dominants vont peu à peu disparaître au profit de profils plus équilibrés en termes de personnalité, les protégeant ainsi**

de leurs dérives habituelles. Certains de ces révolutionnaires deviennent ou deviendront eux-mêmes les leaders que nous attendons, d'autres pas. Certains sont des fondateurs de start-up, des innovateurs, d'autres viennent de grandes entreprises ou de plus petites structures, du monde académique, artistique, ils peuvent être investis dans des associations, engagés en politique ou venir d'un tout autre environnement. Ce sont eux qui sont en train d'entraîner le monde dans une mutation sans précédent.

PLONGÉE EN FONDS NARCISSIQUES

Pour comprendre le narcissisme, place aux exemples ! Pour gagner en liberté de propos, notre choix se porte sur deux personnages historiques, tous deux emblématiques de ce type libidinal : Jules César et Maximilien Robespierre. Si le premier place sa réussite au-dessus de tout, il n'en est pas de même pour le second. Bien qu'il fût à la révolution française ce que César fut à l'ascension romaine, il faut se garder de toute comparaison hâtive. Certes, les deux hommes ont en commun de nombreux traits de caractère, mais ils sont aussi très différents. Et si personne ne peut hésiter sur la nature profondément narcissique de César, il n'en est pas de même pour le révolutionnaire. Ce dernier était beaucoup plus introverti, davantage tourné sur lui-même, dévoré en fin de vie par le culte de la personnalité. À travers eux, nous prenons conscience des forces et des faiblesses des narcissiques. Nous sommes tous indéniablement le résultat d'un panachage subtil de styles qui modèlent finalement notre personnalité.

ROBESPIERRE, L'INCORRUPTIBLE

Un intellectuel plein d'avenir

Nous sommes tous le produit de notre passé. Maximilien Robespierre ne dérogea pas à la règle. Ayant perdu sa mère très jeune avant d'être abandonné par un père inconséquent, il fut élevé avec son frère et sa sœur par son grand-père maternel. Posé, raisonnable, protecteur, il assuma très vite son rôle d'aîné. Brillant élève à Louis-le-Grand, il fut très vite salué par l'université, obtenant une gratification financière qu'il transforma aussitôt en bourse d'études pour son frère qui lui succéda dans l'établissement. La personnalité de Robespierre était déjà formée, responsable des autres – des siens en particulier – plus que de lui-même. L'homme était sans calcul. Il faisait ce qui devait être fait, ce qui lui semblait juste, en conformité avec l'idée qu'il se faisait de sa mission. Cette générosité et ce don de soi n'étaient pourtant pas le fait d'une aisance financière de naissance. Bien au contraire, Robespierre grandit dans l'humiliation de la pauvreté. Les vêtements usagés et les souliers troués lui étaient familiers et bien souvent il dut faire face à la raillerie. La littérature constituait son lot de consolation. Lecteur assidu de Jean-Jacques Rousseau, il avait soif de savoir et se complaisait dans l'analyse et la réflexion. Son profil était celui d'un intellectuel, agile d'esprit, méticuleux, un homme qui ne laisse presque rien au hasard.

Il obtint une commission de juge au tribunal de l'évêché d'Arras, là même où il était né vingt-quatre ans plus tôt. Discipliné, respectueux de l'ordre et des règles, protégé par l'évêché, il cherchait avant tout à se faire accepter, lui qui fut si souvent rejeté ou délaissé. C'était là un autre trait fondamental de son caractère. Le regard des autres lui importait beaucoup. Dès son plus jeune âge, on pouvait entrevoir chez lui un terrain narcissique. Devenu juge de l'Église, il lui tenait à cœur d'être perçu comme un jeune homme de loi plein d'avenir. Il voulait se fondre aux autres par mimétisme social et ressembler à l'élite intellectuelle de la ville. Mais derrière cette façade, il lui fallait faire face à la réalité. Il dut par exemple prononcer des condamnations à mort, ce qui était pour lui proprement insupportable. Comment pouvait-il se substituer à Dieu ? Être soi-même ! Robespierre vécut ce dilemme presque chaque jour. D'un côté, il cherchait la notoriété et les lauriers académiques, de l'autre il n'aspirait qu'à se noyer dans la masse. D'un côté, il y avait l'homme tel qu'il était vraiment, avec ses idées et ses idéaux. De l'autre, il affichait une certaine image, celle qu'il voulait donner de lui, une réussite tranquille et provinciale. Ce furent là les paradoxes de sa vie. Ces tergiversations le plongèrent fréquemment dans le doute et le questionnement. Il ne parvint jamais à se défaire complètement de cette valse-hésitation.

Naissance de l'incorruptible

1786. La France se trouvait dans une situation comparable à celle que nous connaissons aujourd'hui. À la crise agricole et industrielle s'était ajoutée la crise financière, elle-même aggravée par la participation de la France à la guerre qui faisait rage de l'autre côté de l'Atlantique. Pour s'en sortir, il fallait réformer la fiscalité, le monde judiciaire, faire payer les privilégiés. Des années plus tôt, Turgot et Necker avaient essayé de mener ces changements. En vain. C'est dans ce contexte prérévolutionnaire que Robespierre commença à révéler sa véritable identité.

Peu à peu, son profil s'affina et son narcissisme émergea. Il passait ainsi un temps considérable à s'apprêter, pour apparaître comme il souhaitait être vu, tendre à la perfection et être le reflet d'une exemplarité, irréprochable. Il aimait à se contempler, fardé, ce qui traduisait une forme d'amour de soi et d'autosatisfaction. À force de chercher le regard d'autrui, il finit par l'ignorer, rejetant les honneurs et se retranchant sur lui-même, convaincu de son destin grandiose. Là était sa véritable nature. Il s'éloigna des gloires éphémères et des succès d'estime pour offrir sa vie en sacrifice. Son horizon s'avérait plus lointain. Menant une vie d'ascète, il devint peu à peu l'incorruptible, le défenseur du peuple — à défaut d'en être l'incarnation — et fonda sa ligne d'actions sur les droits de l'homme.

La révolution battait son plein. Comme à son habitude, Robespierre vivait dans un paradoxe. Lointain et proche tout à la fois du peuple, il défendait sa cause avec véhémence. Ses discours étaient cinglants, forts, le reflet de l'intransigeance qui devint peu à peu sa marque de fabrique. Il fustigeait sans hésiter les adversaires de la révolution et de la liberté et devint ostensiblement le recours des patriotes. Être aimé ne lui suffisait plus, il voulait être estimé et admiré, la marque d'un narcissisme galopant.

Acclamé par les indigents, redouté de ses adversaires — Mirabeau et La Fayette en particulier —, il multiplia les discours enflammés aussi bien devant les Jacobins qu'à l'Assemblée constituante. Mais derrière ce dévouement et cet altruisme se cachait en fait un profond égocentrisme. Il se croyait unique. Ce fut pour lui le début d'un processus qui le conduisit à sa perte. Il personnifiait la morale, celui qui juge, celui qui distingue le bien du mal. Il était l'incorruptible. C'était aussi un intellectuel, obsédé par l'équité et la justice, au point d'oublier que la pensée ne suffit pas toujours et que l'action est souvent nécessaire. Il brilla par son absence lors de la prise d'assaut des Tuileries ! Marat dit de lui qu'il lui manquait « *les vues et l'audace d'un homme d'État* ».[1]

Mort d'un despote

Son narcissisme prit alors le pas sur le reste. Il aimait parler de lui-même, utilisait à l'envi « *moi* » et « *je* ». Il se référait à Dieu de façon permanente comme pour mieux justifier son action auprès des hommes. Il incarnait l'opposé de Danton qui aimait le peuple quand Robespierre s'en faisait un idéal, une idée, un concept. Ce manque de réalisme l'empêcha parfois de convaincre et d'entraîner les autres derrière lui. Il ne parvint pas par exemple à éviter la proclamation de la guerre en avril 1792. Très vite, il sombra dans une forme de

---

1   Dans *L'Ami du Peuple* du 3 mai 1792.

radicalisme et de... despotisme, risque ultime du narcissisme. En même temps, l'homme faisait preuve de courage. Il n'hésita pas à abandonner le poste envié d'accusateur public pour combattre avec plus de liberté les « *ennemis du bien public* ». Si certains y virent de la détermination, d'autres pensèrent au contraire qu'il s'agissait d'une forme de démission, la fuite d'un leader face à ses responsabilités.

Pour autant, Robespierre n'était pas l'être parfait qu'il aspirait à devenir. Il lui arrivait de traverser des périodes de doute et d'abattement et même de calomnier, comme il le fit à l'égard de Jacques Roux lorsque ce dernier — à la tête des Enragés — le menaça directement. Lorsqu'il affirma que l'histoire et Dieu le reconnaîtraient plus tard pour son œuvre, il frôlait tout simplement la folie, la théâtralité faisant toujours partie de son jeu.

S'il sut rassembler — comme il le fit à la Convention lorsqu'il présenta « *les principes du gouvernement révolutionnaire* » —, il se prenait aussi pour le doigt de Dieu, inflexible, maître de lui et de son destin, avec en point culminant la fête de « *l'Être suprême* ». La période de la « *terreur* » n'était rien de plus qu'une forme de dictature.

Persuadé de l'importance de sa mission terrestre, il affirma avoir assez vécu, convaincu d'avoir fait l'essentiel. N'était-il pas celui qui avait permis au peuple de France de briser ses chaînes ? Mis en accusation, il se laissa glisser — non sans appréhension — vers une mort inéluctable, et qu'il appela finalement de ses vœux.

JULES CÉSAR, L'ÊTRE SUPRÊME

Une ambition innée

L'homme qui nous occupe à présent possédait de multiples facettes. Il fit tout pour abattre les fondations de la République romaine et laisser place à une autre forme de gouvernance, plus conforme à ses ambitions. Il se nommait Caius Julius César et affirmait descendre de la déesse Vénus. Pour atteindre son but, César était prêt à de nombreuses compromissions. Il intrigua, s'allia, manipula. Pour lui, seul le résultat comptait. Mais il aimait aussi maîtriser son sujet. C'est donc avec professionnalisme – dirions-nous de nos jours – qu'il gravit avec patience tous les échelons de la hiérarchie politique et militaire romaine pour apprendre et se donner ainsi les meilleures chances de succès pour atteindre un jour la marche suprême. Si pour beaucoup, la fonction de consul constituait l'objectif ultime, il ne s'agissait pour lui que d'un point de passage obligé. Il se voyait à la tête d'un empire tout puissant, admiré de tous. L'empereur de tous les Romains. Avec tous les pouvoirs.

Très tôt, il élabora un plan minutieux pour assurer le succès de son entreprise. Certains de ses aïeux ayant été consuls, il s'en servit pour asseoir son image, tout en cherchant à les surpasser en tous points, pour les supplanter dans la mémoire collective.

Il reçut l'éducation stricte d'un jeune praticien sous la protection d'une mère que les historiens eux-mêmes qualifient d'exemplaire. Pour autant, elle ne l'épargna pas et dès l'âge de 7 ans il se vit astreint à un entraînement physique des plus rudes. Très vite, il découvrit la Loi des Douze Tables – base des institutions politiques et administratives de Rome – et assista à des débats houleux au Sénat. Il faut dire qu'au moment où le jeune César vit le jour, la République de Rome – tombée aux mains de l'oligarchie sénatoriale – n'était pas au mieux, mais en proie aux pires difficultés économiques. Elle était aussi le théâtre de violences et de corruptions en tout genre.

Intelligent, raffiné, coquet, parlant le latin et le grec, César afficha très vite un sentiment de supériorité et une formidable confiance en lui. Ambitieux, il apprit la rhétorique à Rhodes, convaincu qu'elle pourrait lui être utile. Il divorça de sa première femme pour épouser en secondes noces Cornelia, fille de Cinna[1], car c'était plus utile pour son ascension. Le décor était planté, le jeune homme était un leader d'essence narcissique. Il savait se montrer féroce quand il le fallait – à la limite de la cruauté – et sans complaisance lorsque l'on tenta d'écorner son image. Il avait peu d'états d'âme et laissait la sensiblerie aux autres.

Comme beaucoup de narcissiques, César supportait mal la gloire rencontrée par d'autres que lui. C'est ce qu'il éprouva envers Pompée[2]. Si la jalousie le talonnait au quotidien, loin

---

1 Lucius Cornelius Cinna fut quatre fois consul de Rome entre 87 et 84 avant J.-C.
2 Pompée le Grand fut un général et homme d'État romain, sans doute l'un des plus illustres.

de l'anéantir, elle le dopait. Il admirait Alexandre le Grand pour son œuvre, mais souffrait de ne pas avoir réalisé au même âge des actes aussi déterminants. Il chercha dès lors à se différencier des autres, voulant en permanence attirer l'attention à lui. Il n'hésita pas à épouser en troisièmes noces la fille de Pompée, Pompeia, petite-fille de Sulla, l'ennemi juré de son oncle Marius[1].

Un narcissique obsessionnel

César savait que rien ne se gagne sans audace. À maintes occasions, il laissa transparaître sang-froid[2] et hauteur de vue, deux caractéristiques de sa personnalité. Ainsi Dion Cassius, historien, écrivit à propos de l'opposition de César à Cicéron, ancien consul : « *César le souffrit avec peine, et il devait en être ainsi ; mais, quoiqu'il fût consul, il ne blessa Cicéron ni par ses paroles, ni par ses actes. Il disait que souvent bien des hommes lancent à dessein de vains sarcasmes contre ceux qui sont au-dessus d'eux, pour les pousser à la dispute, dans l'espérance de paraître avoir quelque ressemblance avec eux et d'être mis sur la même ligne, s'ils sont eux-mêmes en butte à de semblables sarcasmes : César crut donc ne devoir entrer en lice avec personne.* »[3] Souvent machiavélique, il n'hésitait pas à recourir à des tierces personnes pour tester la résistance de certains sénateurs, allant parfois jusqu'à s'attaquer à leur honneur ou à leur intégrité. Ainsi, il utilisa Clodius – censé pourtant avoir eu une liaison adultère avec sa femme Pompeia dont il divorça peu après – pour s'en prendre à Cicéron.

Après avoir gouverné en Hispanie ultérieure, il usa également de stratagèmes pour réconcilier Pompée et Crassus et former avec eux le premier triumvirat. Une façon d'accéder au pouvoir sans en avoir l'air, un premier pas en somme vers son but. Commença alors la période la plus faste de la vie de César. Fort de quatre légions, il récupéra le commandement de la Gaule cisalpine, celui de l'Illyrie et de la Gaule chevelue, c'est-à-dire transalpine. Habituellement respectueux de ses adversaires, il se plaisait à dépeindre ces derniers en barbares comme pour mieux justifier l'importance de sa mission civilisatrice. Adepte du stoïcisme, à la limite parfois de l'ataraxie, César était à la fois un intellectuel, un épicurien et un homme d'action. Aimé de ses hommes qui voyaient en lui un véritable dieu de la guerre, il révéla vite ses qualités de tacticien et de stratège. Même Cicéron dans une lettre à Atticus lui reconnut audace et esprit d'entreprise. Ambitieux, il n'hésita pas à franchir le Rubicon[4], limite entre la Gaule cisalpine et l'Italie, transgressant ainsi un interdit sénatorial.

---

1 Gaius Marius et Lucius Cornelius Sulla furent deux des hommes politiques les plus influents de la grande Rome. Tous deux consuls plusieurs fois, ils s'opposèrent avec violence. Marius marqua l'avènement de l'Empire et Sulla réforma la constitution romaine.
2 Il le perdit une fois face à Vercingétorix, à une période où il se montra particulièrement cruel.
3 *Histoire romaine*, tome 3, livre XXXVIII, chap. 11, traduction de E. Gros. Librairie de Firmin Didot Frères, imprimeurs de l'Institut.
4 Prononçant le fameux « *Alea jacta est* » ou « *Le sort en est jeté* ».

Narcissique obsessionnel, il se montrait parfois ambigu. D'un côté, il ordonnait l'émission d'une monnaie à son effigie, de l'autre il prônait l'avènement d'un ordre moral et d'une justice sociale, s'attaquant aux privilèges des plus aisés. Lorsqu'il monta au Capitole, après sa victoire sur les fils de Pompée, son nom fut inscrit aux côtés de ceux de Jupiter, Mars et Quirinus, ce qui à ses yeux était la place qui lui revenait. Ce sont là les traits habituels d'un narcissique perdant pied. Le Sénat ne l'aida pas vraiment à retrouver une forme d'équilibre en lui offrant cette dédicace sous sa statue : « *À César, le demi-dieu* ». Il voulut alors édifier dans Rome non seulement une grande bibliothèque – comme l'avait fait avant lui Alexandre – mais aussi un nouveau forum, de nouveaux temples. Il souhaitait également agrandir le cirque qui deviendrait plus tard le Colisée. À sa mort – seul événement incontrôlable pour lui – Rome avait une tout autre allure.

Au final, cet homme au destin prodigieux, profondément narcissique, comprit avant tous que la République de Rome devait évoluer – sous peine d'asphyxie – vers une autre forme, celle d'un empire, plus apte à gérer son étendue et son développement, à l'instar de la Grèce antique des philosophes et d'Alexandre le Grand.

LE DÉCROCHAGE DES NARCISSIQUES

Comment expliquer ce retournement ?

Bien qu'ayant des personnalités très différentes, Robespierre et Jules César incarnent deux profils narcissiques très emblématiques du genre. Ils jouissaient tous deux d'une aptitude innée pour le commandement et d'une attirance spontanée pour le pouvoir. Le narcissique prend naturellement l'ascendant sur les autres, a une grande confiance en lui et ne doute pas de sa destinée. Mais il est aussi son pire ennemi. Tôt ou tard, il lui arrive de dévier de sa route et de perdre pied, entraîné dans les eaux dangereuses du syndrome de « grandeur »[1]. Arrive un stade où le narcissique ne parvient plus à contrôler ses ardeurs et ses pulsions les plus insensées. Comme nous l'avons déjà précisé, s'il a auprès de lui un « garde-fou » en qui il a confiance, il est possible qu'il parvienne à maîtriser ses excès, à rester dans les clous. Ce cas de figure s'avère cependant finalement rare. Il est plus fréquent de le voir chuter. Cela ne serait finalement pas si grave s'il n'entraînait pas avec lui celles et ceux qui le suivent. Son adéquation au monde de demain ne semble plus aussi évidente. Mais pourquoi aujourd'hui ? Il est légitime de se poser cette question puisque les narcissiques ont toujours été aux commandes du monde. Que s'est-il passé ? Quel est l'événement qui pourrait expliquer ce retournement soudain ?

Le narcissique a besoin d'être sous les projecteurs, le centre du monde. C'est là un point de faiblesse qui lui est souvent fatal. Et davantage aujourd'hui qu'hier. La raison tient au fait que le monde actuel lui offre une vitrine perpétuelle, une exposition potentielle, vingt-quatre heures sur vingt-quatre, sept jours sur sept. Dans notre univers ultra-connecté

---

1 Michael Maccoby parle de « *grandiosity* ».

et surmédiatisé, où les réseaux ultra-performants permettent d'accéder à tout type d'information, où l'on peut se connecter avec n'importe qui, où les chaînes de télévision sont à l'affût du moindre scoop, il y a de quoi satisfaire les plus narcissiques, les plus égocentrés, les plus gourmands d'entre tous !

Il faudrait donc d'autres types de leaders pour gouverner le monde et les entreprises de demain, sachant qu'il ne s'agit pas de remplacer le profil narcissique par autre chose mais de le contenir à un niveau raisonnable. Dans le passage intitulé « Mélange de types », nous avons en effet indiqué que nous étions le fruit d'une combinaison entre les trois types de personnalités décrits par Freud. L'un d'eux domine généralement, mais les deux autres restent représentés dans des proportions qui varient suivant les individus. Le jeu consiste en réalité à ne pas laisser la facette narcissique trop empiéter sur le type érotique et/ou sur le caractère obsessionnel.

Lancement d'un ordre nouveau

Si César était un narcissique dominant indiscutable — un narcissique relativement pur en réalité —, la composante obsessionnelle existait également en lui. Dès son plus jeune âge, il voulut faire de Rome un empire d'une puissance inégalée. Se comparant aux plus grands, il avait l'obsession de faire mieux qu'eux, d'aller plus loin, plus vite, plus dura-blement, de marquer son temps comme aucun autre auparavant. Il ne laissait que très rarement transparaître ses émotions. Il se montrait très organisé et rien avec lui n'était dû au hasard. Pour lui, le succès primait sur tout le reste. Quant à Robespierre — dont le profil semble de prime abord plus équilibré —, il vit son narcissisme le dévorer peu à peu, sous le poids de ses responsabilités croissantes. L'un et l'autre parvinrent à réaliser une partie de leurs objectifs, mais sans aller pour autant jusqu'au bout de leurs rêves. Par leurs excès, ils poussèrent les autres, leur entourage, à les éliminer. Ils partageaient un certain sens de la démesure. C'est souvent le cas avec les narcissiques dominants.

Que ce serait-il passé s'ils avaient accepté de faire quelques compromis ? Que ce serait-il passé s'ils avaient laissé libre cours à leurs émotions ? Peut-on imaginer que César aurait pu déjouer le complot qui se tramait contre lui ? Peut-on tout autant penser que Robespierre aurait pu sentir les vents qui se retournaient contre lui ? Difficile à dire, mais en domptant leur *ego* profond, leur soif de reconnaissance et de gloire, ils auraient sans aucun doute appréhendé les événements autrement.

Le monde actuel est plus complexe, plus global et surtout plus incertain que jamais. Sans en avoir toujours pris totalement conscience, les dirigeants sont plongés au cœur de la quatrième révolution industrielle, rendue possible grâce à la transition digitale. Même si les difficultés s'amoncellent tout autour de nous — manque de croissance, chômage ou insécurité —, nous devons réaliser la chance qui nous est offerte de participer au lancement d'un ordre nouveau, l'émergence d'une économie collaborative et de partage.

Dès à présent, les marchés, les actionnaires, les clients, l'écosystème plus largement, attendent plus que les seuls résultats économiques et financiers qui – tout en restant primordiaux – ne sont plus suffisants. Les leaders de la nouvelle génération devront intégrer de nouveaux paramètres comme l'environnement, l'éthique ou l'empreinte sociétale, éléments souvent négligés jusqu'ici. Demain, ils seront essentiels et feront la différence entre deux agents concurrents. Un leader ne sera plus mesuré sur sa seule performance commerciale. Il portera des objectifs d'image, d'amélioration du climat social ou de contribution en valeur à l'écosystème local, national ou global.

Les narcissiques dominants ne sont pas les plus adaptés pour faire face à ces nouveaux défis. Ils souffrent d'un manque chronique d'intelligence émotionnelle et sont bien souvent incapables de donner priorité au collectif. Il faut d'autres leaders, plus équilibrés, davantage tournés vers les autres. Il faut un nouveau modèle de société.

HOWARD SCHULTZ, LA BELLE SURPRISE

Rien de mieux que de prendre un exemple pour saisir les changements qui s'opèrent sous nos yeux et mieux cerner les caractéristiques du leader de demain. La prise de conscience est souvent beaucoup plus forte. C'est ainsi que j'ai découvert en 2012 un homme étonnant, relativement anonyme pour le grand public, du moins en Europe, et pourtant fondateur d'une enseigne que tout le monde connaît : Starbucks ! Il se nomme Howard Schultz[1] et était alors l'invité de Meg Whitman, présidente de Hewlett-Packard Enterprise, à un séminaire réunissant les dirigeants du groupe au niveau mondial. Son intervention a marqué un tournant dans ma réflexion. En voici les raisons.

RETOUR AUX FONDAMENTAUX

À l'instar de nombre de créateurs d'entreprise, Howard Schultz n'est pas un être comme les autres. En l'écoutant, j'ai vite compris qu'il portait en lui une vision et des valeurs peu

---

1 Fondateur du groupe Starbucks Coffee Company, qui résulte de la fusion de la société Starbucks, une usine de torréfaction et six boutiques qu'il a rachetées en 1987, et d'Il Giornale, société qu'il a créée en 1985.

communes. Le titre de son livre-témoignage donne le ton : *Comment Starbucks a sauvé sa peau sans perdre son âme*[1]. Avec la crise économique et financière qui se profilait dès 2007, la chute de Lehman Brothers en 2008, la perte de confiance des consommateurs – en particulier aux États-Unis –, Schultz a décidé de revenir aux commandes du groupe pour lui éviter le pire[2]. Tous les indicateurs se trouvaient alors au rouge. La direction en place s'était progressivement éloignée des fondamentaux qui avaient fait son succès au démarrage : faire un excellent café et créer une véritable relation avec les clients.

Amour et humanité

L'expression « sauver sa peau » est très révélatrice du climat qui prévalait au sein de l'entreprise en 2007, du moins au niveau de l'équipe de direction. Dès son retour, Schultz sentit bien qu'au-delà du contexte défavorable, l'entreprise perdait pied inexorablement pour de nombreuses raisons. Il s'agissait donc bien d'une lutte pour la survie. Rien de moins. Et quand on joue sa vie, on est généralement prêt à tout. Du moins en règle générale. Car avec Schultz, le plan de sauvetage allait prendre un tour bien spécifique. S'il était effectivement disposé à abandonner ou à céder sur certains fronts pour sauver l'entreprise, il considérait que tout n'était pas possible et qu'il n'était pas question en particulier d'y « laisser son âme ». D'emblée, on voit qu'il possède un style qui lui est propre, que son approche détonne avec le cadre ambiant. Son combat est collectif, l'émotion est présente, palpable, à fleur de peau, au point qu'on peut le trouver fragile à certains moments. Il ne s'agissait pas pour lui d'une simple équation économique, de se contenter de ramener au vert quelques indicateurs financiers. Il était davantage question de valeurs, de principes, de donner du sens à l'action qu'il entreprenait et finalement de conserver l'essence même du projet initial, son but originel.

Schultz parle d'amour quand il évoque son entreprise et ses partenaires[3]. Il considère en particulier que ce qui est entrepris par son groupe est généralement « pétri d'humanité ». Pas très commun ce type de propos dans un monde de plus en plus dépourvu de sentiments. De façon générale, les dirigeants parlent davantage avec leur cerveau qu'avec leurs tripes, davantage au cortex qu'au système limbique. Ils sont plus cérébraux, plus intellectuels et bien moins dans le ressenti. Des faits, rien que des faits, des éléments cartésiens, tangibles, chiffrés, structurés : voilà bien ce qui est recherché et finalement attendu. Et ne nous trompons pas, ils sont essentiels. Ils déterminent une valeur de référence, une base de comparaison et de progrès potentiel. Cependant Howard Schultz ne voit pas les choses ainsi. Pour lui, le succès de Starbucks dépend en premier lieu de la qualité de la relation avec les clients. Il considère que le « barista »[4] doit posséder une

---

1 Éditions Télémaque/Les Éditions du Mécène, avec Joanne Gordon, 2011. Dans sa version originale : *Onward, How Starbucks fought for its life without losing its soul*, with Joanne Gordon, Rodale Ed., 2011.
2 En 2000, il avait en effet décidé de prendre du recul et de lâcher les rênes opérationnelles du groupe.
3 C'est ainsi qu'il appelle les salariés qui tiennent les cafés Starbucks.
4 Ou « cafetier Starbucks ».

intelligence émotionnelle particulièrement développée et comprendre que le café est souvent synonyme de sensualité. Il convient dès lors d'en préserver l'essentiel, à savoir l'odeur et les saveurs. L'arabica doit être préféré au robusta. Schultz est convaincu qu'il doit exister une forme de théâtralité dans la préparation d'un expresso. En 2007, il prend conscience qu'une partie de cette magie s'est envolée lorsque le groupe a adopté des machines automatiques. Et au final, les gains en productivité apparents avait vite été effacés par les déficits relationnels et la perte... romantique. Cette dernière s'avérait certes difficile à mesurer, mais elle faisait pourtant toute la différence. Il savait mieux que personne qu'une forme d'intimité entre le barista et le client restait essentielle. On n'entre pas dans un Starbucks juste pour se faire servir un café, mais pour se sentir comme à la maison, pour échanger quelques mots avec des personnes qui nous sont familières, pour s'y installer et passer simplement un bon moment.

Le point d'équilibre

Les problèmes auxquels Howard Schultz a dû faire face à son retour ne se limitaient pas à cela. Des mémos internes finissaient à l'extérieur de l'entreprise — traduction d'un manque de loyauté au sein des équipes —, des déficiences notables perduraient dans la chaîne logistique et l'innovation se trouvait en berne depuis la mise sur le marché du fameux Frappuccino. Schultz voulut remédier à ces dysfonctionnements mais le chantier semblait gigantesque. Pour parvenir à ses fins, il savait qu'il fallait de la volonté, des processus bien huilés et du cœur. Autre prérequis : revenir aux choses essentielles, éliminer les diversifications hasardeuses et non productives. Et comme il l'a très vite précisé dans son livre : « *Vouloir retrouver le cœur de métier ne dispense pas de la recherche d'excellence opérationnelle.* »

Alors quel est le secret de Schultz ? Il prône l'atteinte d'un point d'équilibre. Pour lui, les dirigeants voulant toujours satisfaire Wall Street se mettent en danger. Les marchés et analystes voient presque toujours les investissements de long terme comme une dilution du court terme. Schultz sait bien néanmoins qu'il ne peut les ignorer. Il lui faut atteindre un certain équilibre entre satisfaction des actionnaires et conscience sociale, entre profit et humanisme, entre développement local et mondialisation. Tout est question de compromis.

Pour mener son action, il dispose de nombreux atouts. L'entreprise sélectionne depuis toujours les grains de café avec beaucoup de soin. Ils sont produits aux quatre coins du monde par des entreprises éthiques qui répondent à des critères d'exigence très élevés. Les « baristas » — et plus largement les salariés — bénéficient de nombreux avantages sociaux et d'une participation, éléments qui ne pouvaient que renforcer leur motivation et leur engagement au moment même où l'entreprise en avait le plus besoin.

RÉENCHANTER LA PROMESSE INITIALE

Depuis quelque temps, le compte n'y était plus. Ni pour les clients, ni pour les salariés. Le café étant la raison d'être du groupe, Howard Schultz décide de fermer pour une journée tous les cafés Starbucks sur l'ensemble du territoire américain sur le motif suivant : « *Nous prenons le temps d'améliorer notre expresso. Le véritable expresso exige du perfectionnisme. C'est pourquoi nous nous consacrons à rechercher plus que jamais l'excellence.* » Pari aussi audacieux que courageux. Mais Schultz semble toujours agir par conviction. Par instinct aussi. Il avait compris dès 2007 que les « baristas » ne savaient plus faire du café ! Mais n'était-il pas au fond en train d'avouer au monde l'incompétence de son groupe sur son cœur de métier ? Pour lui, l'hésitation n'était pas de mise. L'enjeu justifiait les moyens engagés. Sa déclaration de mission affichait clairement ses ambitions : « *Devenir une grande entreprise durable, une des marques les plus connues et respectées au monde, reconnue pour inspirer et enrichir les esprits.* »

Schultz fit feu de tout bois dans un climat des plus hostiles. Le cours de Bourse chutait, le doute était omniprésent et les salariés avaient le moral en berne. C'est pourquoi il décida de maintenir un séminaire interne réunissant plus de dix mille collaborateurs fin octobre 2008. Son but ? Faire renaître le feu sacré. Il choisit la Nouvelle-Orléans qui avait subi trois ans auparavant les affres du terrible ouragan Katrina[1]. Alors que Bono[2] leur affirma en séance plénière qu'il était bon « *de se faire du bien en faisant du bien* », le dirigeant demanda à ses salariés de participer en marge des sessions officielles à la remise en état des espaces publics de la ville. S'il était bien sûr impossible de calculer le retour sur investissement d'une telle opération — et donc de la justifier —, il savait que ces actions de bénévolat participeraient à créer le ciment nécessaire à la refondation de l'entreprise, à tisser les liens indéfectibles qui doivent exister entre les équipes lorsqu'il s'agit de gravir l'Himalaya.

En venant en aide aux habitants de la ville dévastée, Starbucks venait en fait de redresser la tête. Mais il est évidemment plus facile de dire cela une fois la transformation achevée et réussie qu'au moment où l'entreprise souffre et perd en vitesse. Car les sceptiques n'ont pas manqué de rappeler qu'il s'agissait d'une dépense somptuaire et parfaitement inutile. Le leader est aussi celui qui sait faire front, résister et prendre des décisions audacieuses, même dans l'adversité. Et Schultz justement en prend de nombreuses et sait ensuite les soutenir. Il lance de nouvelles boissons, une nouvelle plateforme de dialogue — MyStarbucks-Ideas.com —, un café instantané (poudre soluble), ainsi qu'une carte de fidélité. Il décide de redonner une âme aux lieux qui abritent les cafés en les rénovant avec des matériaux naturels. Il multiplie enfin les actions pour renforcer l'entreprise dans les domaines de la santé et du bien-être.

---

1 Survenu en 2005, l'ouragan Katrina fut l'un des plus dévastateurs de l'histoire des États-Unis.
2 Chanteur emblématique du groupe de rock irlandais U2.

Howard Schultz dut aussi malheureusement recourir à des actions moins réjouissantes. Pendant les années de croissance, l'entreprise avait ouvert des boutiques un peu partout dans le monde à un rythme effréné sans le moindre rationnel économique. C'est pourquoi il ferma des centaines de cafés et licencia des milliers de salariés. Certaines situations exigent des solutions radicales pour pouvoir mieux rebondir ensuite. Pour ne pas avoir su maîtriser la croissance, on avait mis l'entreprise en danger. Il fallait y remédier, même si le prix était comme toujours lourd à payer.

LE CRI DE RALLIEMENT

Pour être épaulé, Schultz s'entoura des meilleurs. Il remplaça ainsi la majeure partie de son comité exécutif. Toute transformation exige de disposer d'une équipe soudée et alignée. « *Je ne suis pas redevenu P-DG pour être aimé* », affirmait-il à l'époque. Il attendait des leaders en poste qu'ils soient totalement motivés par leurs tâches, fiers de leur entreprise. Ils devaient être solidaires ou partir. Il voulait entendre un véritable cri de ralliement !

Donner l'impulsion nécessaire, c'est d'abord repositionner l'entreprise sur ses valeurs, lui donner une conscience sociale. Howard Schultz l'a fait en choisissant la franchise et la transparence la plus totale. En lançant « Starbucks Shared Planet », il affirma vouloir agir positivement sur les personnes et la planète. Cette approche constituait un tout. Il s'agissait non seulement d'une philosophie, mais aussi d'un ensemble d'objectifs très concrets. L'empreinte écologique d'une tasse de café compte et Schultz le sait. Il veut être le premier acheteur, torréfacteur et distributeur d'un café « certifié Fairtrade »[1] dans le monde.

« VOUS ET STARBUCKS, C'EST PLUS QUE DU CAFÉ ! »

Voilà le slogan du spot lancé à l'occasion des élections présidentielles américaines de 2008. Pour modifier l'image du groupe, Howard Schultz utilisa en effet le véhicule publicitaire. Il offrit une tasse de café aux citoyens qui avaient accompli leur devoir civique en allant voter. Il sera vu par près de quatre-vingt-dix millions de personnes ! Un véritable succès.

Cependant, pour qu'une entreprise puisse parfaitement fonctionner, il lui faut aussi des processus bien huilés. Décision fut prise de recourir à la méthode « *lean* » afin de mettre en évidence les dysfonctionnements et faire la chasse aux gaspillages, par exemple les ruptures de stocks liées à une mauvaise gestion ou à l'accroissement des tâches inutiles.

Pour Schultz, « *l'essence du leadership tient dans le fait d'inspirer confiance aux autres* ». Il n'hésite pas pourtant à afficher ses doutes. Dans une conférence avec les analystes à

---

1 Système de certification qui identifie les produits qui sont conformes aux standards en matière d'environnement et aux réglementations diverses en termes de développement et de normes sociales.

la fin de l'année 2008, il avoua par exemple être épuisé. Mais c'est aussi cette humilité – qualité première des dirigeants – qui plaît et finit par emporter l'adhésion de tous. Il semblait sincère et ne pas vouloir tricher. L'intuition joua en sa faveur. Les résultats qu'il obtint peu à peu plaident pour lui. Sans avoir sacrifié ce qui compte le plus à ses yeux, il a su remettre son groupe sur les rails. C'est parce qu'il déclare que « *le café a encore le pouvoir de l'étonner* » que Schultz séduit même les plus sceptiques.

En 2010, l'entreprise renoua avec les profits, sans s'être coupée de son histoire et de sa culture. Et pour les quarante ans de l'entreprise, en 2011, les équipes créèrent un café : « Tribute Blend »[1]. Tout un symbole, celui du renouveau.

Au final, Starbucks a signé une belle transformation. Les perspectives de développement en Chine ou le lancement du thé ont ouvert au groupe un avenir radieux. Si Starbucks semble correspondre au profil de l'entreprise d'un nouveau type, c'est aussi parce que Howard Schultz diffère des leaders narcissiques qui pullulent un peu partout. Il a su modeler l'entreprise à son image. Profitable mais humaine. Profitable mais concernée. Réaliste mais créative. Globale mais locale à la fois. Un cadre totalement nouveau en somme.

---

1   « Mélange hommage ».

MA VISION DU LEADERSHIP POUR DEMAIN

À l'issue de ma formation sur le campus d'Oxford, j'étais convaincu de l'urgence de voir émerger une nouvelle génération de leaders. Le professeur Maccoby m'avait ouvert les yeux. Les narcissiques – les profils dominants en particulier – n'étaient plus adaptés aux nouvelles exigences de ce monde en pleine effervescence. J'ai commencé alors à observer les dirigeants au pouvoir avec un regard plus critique, plus exigeant que jamais. En accédant à la direction d'une entreprise ou à un mandat public, on abandonne en réalité une partie de soi-même. Le projet collectif prime sur le reste. On se doit de rendre des comptes et ce n'est pas simple, car l'environnement est plus imprévisible que jamais, plus complexe. La société se transforme à grande vitesse sous la poussée des nouvelles technologies, la révolution digitale. Les leaders doivent être capables de s'adapter à un univers versatile où l'intelligence émotionnelle prend une place prépondérante dans un milieu jusque-là très cartésien.

Je savais donc qu'il fallait une autre forme de leadership. Mais laquelle ? C'est en écoutant le fondateur de Starbucks que j'ai compris ce qui nous faisait défaut. Il avait sauvé son entreprise en lui rendant son identité – celle de sa création – et en donnant un sens à son action, à l'engagement de chacun. Une entreprise sans âme, c'est un peu comme un bateau ivre. Les hommes ont besoin d'une trajectoire puissante à laquelle adhérer, d'un projet qui les fasse vibrer. Sans doute est-ce ce manque que nous ressentons aujourd'hui et que nous évoquions précédemment.

Je me suis alors lancé dans l'écriture de cet ouvrage que j'avais en tête depuis des années. Très vite, j'ai compris qu'il me fallait intégrer la problématique des générations pour mieux appréhender les mutations en cours.

Une génération désigne sociologiquement le sous-ensemble d'une population dont les membres ont à peu près le même âge. Ils ont donc tous vécu une même époque, ce qui leur donne de nombreux points communs. La période séparant deux générations s'étale sur vingt ans environ et correspond finalement à un cycle de renouvellement d'une population adulte.

LES GÉNÉRATIONS POST-PREMIÈRE GUERRE MONDIALE

- La génération silencieuse (1925 – 1944) : travaille dur, réputée non revendicative, d'où son nom.

- Le baby-boom (1945 – 1959) : traduit le pic de natalité après la fin de la Seconde Guerre mondiale, ce qui aura un effet positif sur l'économie mondiale.

– La génération X (1960 – 1979) : doit son nom à une étude réalisée en Angleterre montrant que les mœurs étaient en train de changer, en particulier chez les jeunes couples qui reconnaissaient avoir des relations sexuelles avant le mariage. Cette génération est coincée entre les baby-boomers et les *digital natives*.

– La génération Y (1980 – 1995) : pour les uns, vient du « y » formé par les fils des baladeurs sur les torses, pour d'autres plutôt de la prononciation anglaise de « *why* » qui phonétiquement se dit [wai], soit la lettre « y ». La génération du « pourquoi ». Cela peut aussi être vu comme la lettre qui suit simplement celle caractérisant la génération précédente (X). On appelle souvent les enfants nés dans cette tranche d'âge les « *digital natives* » ou la « *net generation* », puisqu'ils sont nés avec Internet, l'ordinateur personnel et les jeux vidéo.

– La génération Z ou nouvelle génération silencieuse (enfants nés après 1995) : proche de la génération précédente dans les attentes, elle grandit dans un monde digital et ultra-connecté. Elle porte ce nom car elle se rapproche en termes d'attitude de la génération d'avant-guerre. On la nomme aussi « génération C » (pour Communication, Collaboration, Connexion et Créativité).

La génération Y est très différente de la précédente en termes d'attentes, de carrière et d'équilibre vie privée – vie professionnelle. Elle accorde beaucoup plus d'importance à des facteurs ignorés précédemment, comme la responsabilité sociétale des entreprises (RSE)[1], l'environnement ou le partage. Cette génération et les suivantes vont évoluer inéluctablement vers un nouveau leadership, que nous qualifions de leadership du troisième type. C'est ce que nous découvrirons dans le **quatrième chapitre** de cet ouvrage.

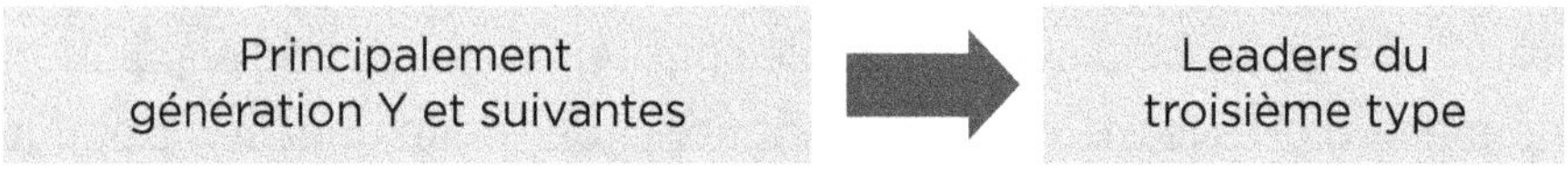

Figure n° 1 – Émergence des leaders du troisième type

Les leaders du troisième type vont donc trouver leur source principale dans les jeunes générations. Il serait cependant réducteur de les considérer comme les seuls réservoirs. Ces leaders pourront en réalité émaner des générations précédentes, sous réserve que l'individu concerné ne soit pas un narcissique dominant. En effet, dans ce dernier cas de figure, la mutation serait selon nous trop conséquente. Elle reste cependant possible.

Dans le **troisième chapitre**, nous allons nous intéresser aux leaders actuellement au pouvoir. Principalement issus des générations des baby-boomers – encore aux commandes pour quelques années – et des X – dont les plus jeunes ont moins de

---

1 Certains parlent aussi de Responsabilité Sociale de l'Entreprise.

40 ans –, ils vont devoir évoluer pour s'adapter à ce monde en plein changement. C'est dans ces tranches d'âge en effet que l'on trouve les bastions de narcissiques dominants, ceux-là même que nous ciblons.

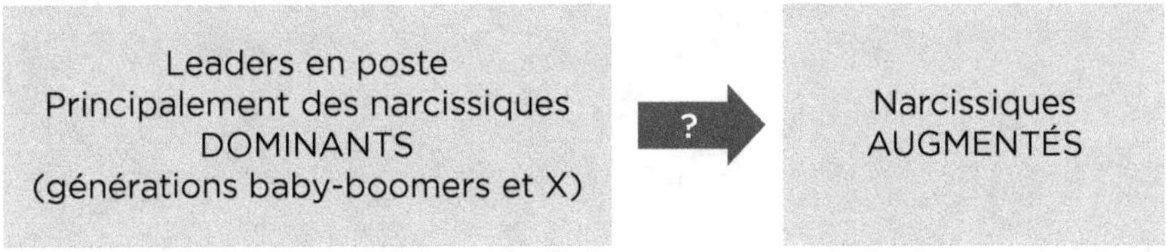

Figure n° 2 – Mutation des leaders actuels en narcissiques augmentés

C'est la première fois dans cet ouvrage que nous évoquons la notion de « **narcissique augmenté** ». Elle suppose d'ajouter un facteur au profil des narcissiques dominants en position de commandement. Lequel ? C'est ce que nous nous proposons de voir dans le chapitre suivant.

Chapitre 3

LE NARCISSIQUE AUGMENTÉ OU COMMENT FAIRE ÉVOLUER UN CARACTÈRE DOMINANT ?

À retenir

Les narcissiques dominants se sont imposés au cours des siècles derniers comme des leaders naturels. Leurs qualités sont indéniables, mais on les sait capables du meilleur comme du pire. Il leur arrive en effet de déraper, entraînant dans la tourmente ceux qui les suivent. Les raisons sont essentiellement liées à leur *ego* qu'ils ne parviennent pas toujours à maîtriser, d'autant plus que les médias et les réseaux sociaux — omniprésents aujourd'hui — n'arrangent rien à l'affaire. Ils sont néanmoins très habiles, charmeurs, compétents et déterminés. Ils ne reculent devant rien pour atteindre leurs objectifs. Leurs atouts compensent largement leurs points faibles. La plupart des narcissiques dominants aux commandes, comme nous l'avons vu, sont issus du baby-boom et de la génération X. Même si leur adaptation aux challenges de demain semble un peu plus improbable que pour les Y et les Z, penser que l'on puisse tous les remplacer simultanément serait totalement illusoire. La plupart devront donc évoluer pour trouver leur place. Mais de quelle façon ? En le découvrant, nous saurons comment des leaders au caractère dominant peuvent se transformer en narcissiques augmentés !

Vers un narcissisme augmenté

Dès l'apparition du concept, j'ai été intrigué par la « réalité augmentée ». De quoi parlait-on exactement ? Nous savons à présent qu'elle désigne des technologies évoluées qui permettent d'ajouter à la perception que nous avons du monde réel une superposition virtuelle en plusieurs dimensions. Ainsi, en temps réel, on peut par exemple incruster de façon tout à fait réaliste des objets virtuels dans une séquence d'images. La réalité augmentée donne au final une autre dimension à la réalité. Notre vision s'en trouve élargie. Mieux informés, nous sommes plus à même de comprendre les situations que nous vivons et par voie de conséquence les processus décisionnels s'en trouvent facilités. Les adaptations au monde des affaires n'ont pas été longues à se manifester. On parle ainsi des formes augmentées du travail collaboratif ou de l'entreprise augmentée. Depuis quelques années, il est même question de management ou de leadership augmenté.

Mais à quoi peut ressembler au final un manager augmenté ? S'agirait-il d'un superhéros doté de superpouvoirs ? Nous n'en sommes pas loin. Grâce à des technologies et à des outils très sophistiqués – sorte d'assistants virtuels – le manager voit ses capacités décuplées. Il peut ainsi faire le tri dans la surabondance d'informations qui caractérise notre époque. Et nous n'en sommes qu'au début, car le progrès technique est continu et tout semble s'accélérer. Le manager augmenté – mieux préparé à affronter le monde complexe qui lui fait face – est plus à même de prendre du recul. Pendant des siècles, le pouvoir appartenait à ceux qui détenaient le savoir. Aujourd'hui, le savoir étant à la portée de tous – d'un clic on peut tout obtenir ou presque –, le challenge consiste davantage à trouver la bonne information, celle dont on a vraiment besoin pour étoffer un dossier et prendre position.

Avec cette notion de manager augmenté bien en tête, j'ai songé aux narcissiques qui nous gouvernent depuis la nuit des temps. Malgré leurs défauts et limites, ils affichent indéniablement des qualités naturelles pour le leadership. À la fin du chapitre précédent, nous avons écrit que « *les narcissiques dominants [allaient] peu à peu disparaître au profit de profils plus équilibrés en termes de personnalité, les protégeant ainsi de leurs dérives habituelles* ». Très tôt, j'ai considéré qu'il ne fallait pas jeter trop vite les narcissiques aux orties. Ils présentent en effet des caractéristiques constituant de formidables atouts pour entraîner et inspirer les autres. Et c'est bien la base même du leadership. On ne retrouve pas facilement ce potentiel dans la cartographie traditionnelle des obsessionnels ou des érotiques. La question est donc de savoir comment garder les narcissiques – du moins ceux qui ne sont pas trop marqués – et les faire évoluer vers des « **profils plus équilibrés** ». Nous parlons alors de **profils narcissiques augmentés**.

Nous connaissons bien à présent le meilleur des narcissiques. Charismatiques, impactants, ils savent définir une vision de long terme, un cap, et entraîner les autres dans leur sillage. Le moins bon des narcissiques, nous le connaissons aussi. Ils inspirent, mais ne savent pas toujours donner du sens aux choses puisque finalement, seule leur propre personne compte. Le collectif se révèle rarement leur priorité. Au bout d'un moment, leur égocentrisme prend le pas, leur goût immodéré pour la lumière se devine et brouille le discours. Ils partagent peu, ont une écoute limitée — leur tendance naturelle étant d'imposer leurs vues puisqu'ils se voient très au-dessus de la mêlée — et sont finalement peu empathiques.

Il faut donc garder les qualités intrinsèques au profil narcissique — ce qui revient à définir le socle de base du profil augmenté — et ajouter ce qui leur manque pour les transformer en leaders augmentés, plus humains et davantage en accord avec leur temps.

Question de type

Si les leaders actuels sont pour l'essentiel des narcissiques dominants, que faut-il « ajouter » pour en faire des narcissiques augmentés ? En d'autres termes, pour s'assurer qu'ils peuvent s'adapter au monde de demain.

Nous allons à présent découvrir les profils obsessionnels et érotiques. Commençons par le type obsessionnel.

L'obsessionnel

À la fois autonome (« *self-reliant* ») et rigoureux, il crée et maintient l'ordre, est structuré, opérationnel et se montre toujours en quête de solutions efficientes. Comme le précise Michael Maccoby, il est le client idéal pour acheter un livre de Stephen Covey[1]. Perfectionniste, il ne laisse rien au hasard. D'une éthique généralement irréprochable, il manque souvent de charisme, d'audace, de vision et éprouve des difficultés à prendre des décisions, persuadé qu'il peut toujours approfondir ses dossiers. Productif, il est l'équipier rêvé, un parfait numéro deux. Il définit des standards de performance élevés et met en place les conditions permettant de tenir les engagements pris. Il manage par le biais de sa compétence, de son expertise, et ne conçoit sa relation aux autres que dans une recherche permanente de

---

1 Par exemple, *Les 7 habitudes de ceux qui réalisent tout ce qu'ils entreprennent*, J'ai Lu, 2012.

progrès. Un état-major est son lieu de prédilection. Poussé à l'extrême, ce style peut conduire à une trop grande spécialisation, un sens aigu du détail qui peut devenir quasi pathologique, c'est-à-dire... obsessionnel !

L'érotique

Si le profil obsessionnel nous semble immédiatement familier – autour de nous nombreux sont ceux possédant ce trait de caractère –, le type érotique est moins connu. La littérature managériale et la recherche restent peu développées à ce sujet. Voilà une bonne occasion de faire plus ample connaissance.

La première fois qu'il m'a été donné de présenter cette personnalité en amphithéâtre, j'ai vu de nombreux visages s'illuminer d'un large sourire ! Au risque d'en décevoir certains, elle ne revêt cependant aucune connotation sexuelle ! La motivation d'un leader au profil érotique s'inspire de la description détaillée fournie par Freud d'une relation amoureuse entre deux individus. Le neurologue était alors loin d'imaginer que ses théories seraient un jour transposées au monde de l'entreprise. Le leader érotique éprouve un besoin impérieux d'être aimé. Cette quête permanente le conduit très souvent à une forte dépendance vis-à-vis d'autrui. Le dirigeant érotique et l'amoureux ont en commun cette peur de perdre les sentiments qu'ils ont su générer à un moment donné. Dans un environnement professionnel, cela peut se traduire par des traitements différenciés en fonction du ressenti du moment. On se trouve souvent plus dans l'existentiel et les émotions que dans le concret ou le rationnel. Ce type de personnalité se retrouve majoritairement dans les professions qui génèrent – volontairement ou involontairement – des relations de dépendance.

Productif, le leader érotique peut incarner un véritable tremplin pour les jeunes puisqu'il est prêt à leur consacrer du temps. Il coache généralement avec beaucoup d'abnégation et d'enthousiasme. Son rôle se révèle bien souvent déterminant, à condition qu'il ne dérape pas et reste sous contrôle. Il se montre alors attentionné et à l'écoute. Il aide les autres, soutient ses équipes quand elles traversent des difficultés, encourage, motive, cherche à éviter les conflits et établit bien souvent des liens de confiance très forts. Il aime créer des environnements propices au bien-être et à l'épanouissement personnel, source de performance et de productivité. Il possède des qualités inconnues des narcissiques. Inversement, il présente des points de faiblesse qui peuvent se révéler très problématiques dans certaines situations.

Au final, le narcissique apporte inspiration et vision, mais son *ego* est trop fort ; l'obsessionnel personnifie le métronome opérationnel, mais occupe rarement la position de numéro 1 ; l'érotique quant à lui n'oublie ni l'humain ni les émotions, mais peut souffrir d'autres formes de démesure. Une combinaison entre ces types permet d'obtenir des profils plus diversifiés. Reste à tomber sur le bon mélange !

Mais le leadership n'est pas qu'une question de personnalité et de type...

C'est quoi ton style ?

Le leadership est aussi et surtout une question de style. Il traduit la personnalité profonde de chacun – façonnée par l'expérience –, une vie constituée de succès et d'échecs et de relations aux autres. On entend souvent l'expression « on ne se refait pas ». C'est un peu vrai, mais en se connaissant mieux, on peut tout de même agir de manière plus efficiente et tirer meilleur parti de ses qualités. On peut aussi parvenir à se contrôler. Pour cela encore faut-il connaître son propre style de leadership ! Le psychologue américain Daniel Goleman en a défini six dans un article qui fait depuis autorité sur le sujet[1].

Leader directif (« *coercitive style* »)

Figure traditionnelle du patron, il est l'image du chef d'après-guerre. Il ordonne, on lui obéit. Sa formule préférée est : « Faites ce que je vous dis. » Il définit très précisément les tâches à accomplir par chacun sans se soucier d'expliquer l'objectif global poursuivi et de donner du sens à l'action. Il est dans le contrôle, ce qui génère pression et stress autour de lui. Son impact s'avère vite dévastateur. Il crée des dissonances, contamine le moral des équipes et fait fuir les talents. Alors pourquoi travailler avec lui ? Essentiellement parce qu'il peut être – dans certaines situations – un excellent manager, la gestion d'une crise par exemple. Son profil peut se révéler idéal, car il sait trancher dans le vif, prendre les décisions qui s'imposent et s'affranchir des rouages qui paralysent habituellement l'individu lambda. Il est moins performant lorsqu'il s'agit de faire preuve d'initiative et de créativité ou dans des contextes plus personnels, où l'affectif intervient dans la donne. Il a beaucoup de mal à gérer la dimension émotionnelle. Il est donc un savoir-faire d'appoint qu'il convient d'utiliser avec parcimonie.

---

1 « Leadership that gets results », *Harvard Business Review*, mars-avril 2000.

Leader chef de file (« *pacesetting leader* »)

Moins autoritaire que le précédent, il n'en demeure pas moins aussi exigeant. Son maître mot est l'excellence. Donnant l'exemple sur le terrain, il est plus opérationnel que visionnaire, attend le meilleur de chacun et manque parfois de patience avec ceux qui rechignent à suivre ses directives. Son leitmotiv préféré est : « Regardez-moi faire et imitez-moi ! » Très précis, il connaît son entreprise mieux que personne, du moins la partie émergée, c'est-à-dire l'organisation, les structures, les modes opératoires, le système de management et la gouvernance, tout ce qui est tangible. On le retrouve principalement dans les états-majors, dans des rôles de supervision. Il est le numéro deux idéal, le complément parfait d'un leader plus axé sur la stratégie et la motivation des hommes. Son comportement intrusif peut parfois entraîner le doute et le découragement. Ce type de profil est particulièrement approprié lorsqu'il s'agit d'obtenir des résultats rapides, moins pour élaborer une vision, une stratégie ou développer des talents.

Leader collaboratif (« *affiliative style* »)

Pour gérer la partie immergée de l'iceberg, c'est à lui que l'on fera appel. Tout ce qui touche aux schémas d'influence et du pouvoir, aux dynamiques de groupe, aux forces de conformité, aux relations interpersonnelles et plus largement à la culture, sont des notions qui lui sont familières et qu'il sait manier avec dextérité. Par nature, il croit à l'harmonie et cherche constamment la cohésion au sein des équipes qu'il dirige. Favorisant les interactions positives dans les groupes dont il a la responsabilité, il choisit naturellement des sessions de travail de type « *team building* ». Son maître mot ? « Les collaborateurs avant tout ». Son impact est généralement bien ressenti. À l'inverse, il éprouve plus de difficultés à piloter la performance ou l'excellence individuelle. Il pense avant tout à l'équipe et peut frustrer les collaborateurs les plus performants qui sont par nature plus à l'aise avec un profil de type « chef de file » (leur « *role model* »). Dans sa forme extrême, son action peut se traduire par des résultats en berne alors même que le moral est globalement bon. Il n'est donc pas le profil idéal pour gérer des situations de crise — un plan social ou une grève —, pour mener à bien un changement immédiat ou une réorganisation majeure.

Le leader participatif (« *democratic style* »)

Comme le précédent, il joue collectif et s'intéresse à l'humain. Doté d'une excellente écoute, il titille son équipe pour générer de nouvelles idées. À ses côtés, les contributeurs performants perdent parfois patience à devoir toujours attendre l'avis de tous. À l'inverse du chef de file, il a du mal à trancher sans prendre de multiples avis. Ce n'est pas tant qu'il soit indécis, mais son mode de fonctionnement l'amène à procéder ainsi. Son impact sur les autres — à la réserve précédente — est la plupart du temps très positif puisque tous se sentent écoutés et impliqués. Il n'est pas le plus efficace pour gérer les situations d'urgence, celles qui exigent des actions coup de poing. Il est en revanche optimal quand il s'agit de mettre l'intelligence collective au service de l'entreprise, d'un État ou d'une mission. Son refrain préféré est : « *On est meilleur et plus efficace en unissant nos forces.* » Ce style est finalement très proche du précédent avec une différence notable : alors que le leader collaboratif est avant tout concerné par le bien-être et l'harmonie, le leader participatif se concentre davantage sur le consensus et le dialogue. Tous deux produisent au final des répercussions assez analogues et peuvent entraîner des réserves comparables.

Le leader coach (« *coaching style* »)

Ce profil se consacre en premier lieu à la constitution d'équipes solides et compétentes pour servir des objectifs de plus long terme. Pour lui, « avoir les bonnes personnes aux bons postes pour mener les bonnes actions au bon moment » s'avère primordial. Le développement des individus — qui passe par un travail de fond sur les forces et faiblesses de chacun — constitue son chantier de prédilection. Dans son management quotidien et opérationnel, il agit comme un guide, tout en laissant les membres de son équipe relativement autonomes. Il est intimement convaincu que chacun porte en lui des qualités intrinsèques qui peuvent le mener au succès, pour peu qu'on sache les exploiter. Son impact est généralement très positif, car il permet à chacun de croire en soi, répétant à l'infini : « La solution est en vous ! » À l'inverse, étant trop restrictif, ce style ne permet pas en lui-même de générer de grands leaders transformationnels. Cependant, associé à d'autres traits ou caractéristiques, il peut se révéler tout à fait salutaire puisqu'il se concentre sur ce qui fait l'essence d'une entreprise, à savoir son capital humain.

Le leader visionnaire (« *authoritative style* »)

Il est sans doute celui qui se rapproche le plus de ce que nous pourrions qualifier de « leader idéal ». Il est en tout cas le plus mobilisateur. Charismatique, séducteur, empathique, il parvient à fédérer autour de lui l'ensemble des équipes. Visionnaire et inspirant, il donne du sens à ses actes et permet à chacun de bien cerner l'importance de sa contribution individuelle. Faisant confiance aux autres, apôtre de la délégation, il s'appuie sur l'équipe de management et celles et ceux qui le suivent pour mettre en œuvre sa stratégie. Il définit une vue d'ensemble (« *big picture* ») et laisse aux autres le soin de l'orchestrer. Communicateur, il sait galvaniser les « troupes » autour de son message et de ses lignes directrices, les « gonfler » en énergie et en faire de véritables relais. Il donne l'impulsion et montre la voie en toutes circonstances. Il sait traduire ses paroles en actes par le biais d'un plan opérationnel factuel et concret. Les points de vigilance sont de deux ordres : ne pas être déconnecté du quotidien et savoir bien s'entourer. Ce dernier point n'est pas neutre et doit être surveillé de près. Certains peuvent se croire effectivement irremplaçables et au-dessus de la mêlée. Ils sont alors incapables d'attirer des talents autour d'eux, n'en trouvant aucun digne d'intérêt. À ces réserves près, le leader visionnaire est le reflet du dirigeant recherché par tous les conseils d'administration.

Un panachage de styles

Ces six styles ne sont pas exclusifs. Personne n'est « visionnaire » ou « chef de file » à cent pour cent. Nous sommes le produit d'une histoire et d'un panachage de deux à quatre des styles précités, dans des dosages qui nous sont propres et qui font de chacun d'entre nous des êtres uniques. Chaque style est en fait adapté à une situation donnée. Par voie de conséquence, plus vous possédez de styles différents, plus vous pouvez vous adapter et manager des cas de figure variés. Les styles se combinent plus ou moins bien ensemble. Les leaders directifs et chefs de file se marient efficacement aux visionnaires, aux participatifs ou aux collaboratifs, trouvant ainsi une certaine forme d'équilibre et de complémentarité entre contenu et action. Ainsi, un leader à dominante visionnaire, mais avec une bonne dose de chef de file, peut devenir redoutable en ce sens qu'il sait combiner vision et exécution. Un collaboratif en majeur est plus inspirant s'il possède un style visionnaire en secondaire. Bien connaître cette théorie des styles permet dans tous les cas de construire des équipes gagnantes.

Depuis trois ou quatre décennies, les leaders qui nous gouvernent sont pour l'essentiel des panachages des styles « visionnaire » et « directif » ou « visionnaire » et « chef de file », ce qui correspond globalement à ce qu'attendent marchés financiers et analystes. Ils portent en eux cette capacité à combiner la recherche d'une stratégie éprouvée et d'une exécution méthodique.

Pourtant à l'heure où d'autres éléments semblent devoir être pris en compte — des facteurs relatifs à l'humain, à l'intelligence émotionnelle, à la capacité de construire des réseaux d'influence et à l'appréhension des nouvelles technologies — nous commençons à entrevoir la nécessité de changements majeurs quant aux styles de leadership pour demain. Avant de dessiner ce profil futuriste, prenons à nouveau le contre-pied de quelques idées reçues. L'une d'elles a trait à l'intelligence analytique.

▬▬▬▬ **Le QI n'est pas tout !**

Pour beaucoup, l'intelligence constitue le facteur clé de sélection des dirigeants. Cependant, lorsqu'il s'agit d'en définir le concept, tout se complique. Chacun pense savoir ce qu'est l'intelligence. Mais est-ce vraiment le cas ? Dans notre subconscient, un être intelligent est forcément doté d'un quotient intellectuel (QI) élevé. Pourtant, de nombreuses théories ont été développées ces dernières années, démontrant que l'intelligence humaine pouvait revêtir plusieurs formes et qu'il est extrêmement réducteur de vouloir la mesurer par le biais de ce seul indicateur.

Plusieurs types d'intelligence

Père de la théorie des intelligences multiples, le psychologue américain Howard Gardner considère que tout individu est doté de plusieurs types d'intelligence et propose la segmentation suivante :

> l'intelligence logico-mathématique détermine la capacité d'une personne à résoudre des problèmes numériques ou logiques ;

> l'intelligence linguistique ou verbale se retrouve chez les politiciens, les journalistes, les avocats, tous ceux qui cherchent à convaincre, et font du débat, du plaidoyer ou de la conversation argumentée un acte primordial ;

> l'intelligence intrapersonnelle permet d'avoir une analyse critique sur soi et d'évaluer avec objectivité son potentiel et ses limites, en d'autres termes de bien se connaître ;

> l'intelligence interpersonnelle aide à décoder les éventuelles interactions à l'intérieur d'un groupe de personnes, les dynamiques qui s'y déroulent et à bien anticiper les réactions environnantes ;

> l'intelligence visuo-spatiale permet de visualiser des objets tridimensionnels dans sa tête, ce qui est fortement utile aux architectes, aux artistes peintres, aux dessinateurs ou encore aux géographes ;

> l'intelligence naturaliste est utile à celles et ceux qui doivent classer des objets, les différencier par catégorie et qui ont une réelle sensibilité aux différents aspects du milieu naturel ;

> l'intelligence musicale permet de jongler avec les sons, les rythmes, de reconnaître des mélodies et parfois d'en composer ;

> l'intelligence kinesthésique ou corporelle a trait aux travaux gestuels et est utile à ceux qui pratiquent un travail de minutie, comme les sportifs ou les chirurgiens ;

> l'intelligence spirituelle est celle qui pousse certaines personnes à se poser des questions sur le sens des choses, leur origine, sur des considérations existentielles comme celles relatives à la vie ou la mort.

Comme Gardner, j'ai la conviction que l'intelligence logico-mathématique ne se place pas au-dessus des autres formes. Le QI n'est rien d'autre que le résultat d'un test psychométrique permettant de quantifier le potentiel analytique ou d'abstraction d'un individu. Contrairement à ce que nos sociétés contemporaines occidentales nous ont enseigné ces dernières décennies, être à l'aise avec des systèmes d'équations à plusieurs inconnues ou avec des espaces vectoriels ne suffit pas à caractériser la notion d'intelligence. Tout le monde s'accorde à dire que Wolfgang Amadeus Mozart était un génie. Personne ne connaît pourtant son QI ! Personne ne connaît non plus celui de Nelson Mandela ou de John Fitzgerald Kennedy. Avons-nous pour autant entendu quiconque remettre en cause leur potentiel intellectuel ?

Rien n'est joué

S'il semble impossible de diriger sans un score de QI minimum, il serait donc très restrictif de limiter l'intelligence au seul potentiel logique et analytique. Le risque serait de sous-évaluer ou de surévaluer les capacités d'un individu, mettant potentiellement en péril la viabilité d'une entreprise ou l'équilibre d'un État. Pour preuve, les cas de jeunes gens brillants, aux CV rutilants, ayant conduit leur entreprise à la faillite ne manquent pas.

Cependant, le QI reste ancré dans nos consciences collectives comme la mesure infaillible de la valeur intellectuelle d'un individu et plus généralement de sa valeur tout court. Peut-être est-ce dû au fait que la mesure est concrète, réelle et objective ? Le test reste en effet le même pour tous et permet de comparer deux ou plusieurs individus entre eux.

Un autre préjugé de taille consiste à croire que les neurones sont voués à disparaître avec l'âge[1]. Des études récentes viennent même de démontrer l'inverse[2]. Le cerveau continue en fait à produire des synapses, ce qui atteste de la forte capacité d'adaptation de l'être humain. Mais pour que ces nouvelles connexions se fassent, il faut qu'il soit nourri et bien entraîné[3]. Il faut lui fournir de l'énergie, de l'oxygène et certains éléments nutritifs. Il est aussi conseillé de vivre dans un milieu intellectuel riche et de pratiquer des activités variées afin de faire travailler toutes les zones du cerveau.

Nous sommes donc le produit d'une combinaison d'intelligences qui coexistent en nous. Étalonner l'intelligence globale d'un individu donné consiste en réalité à mesurer le niveau de chacune des formes qui la composent. L'exercice n'est pas simple, mais il reflète davantage la réalité. Voilà qui a de quoi rassurer les allergiques aux maths ! Et comme nous poursuivons notre apprentissage tout au long de notre vie, les scores obtenus pour les formes d'intelligence autres que le QI ne sont pas définitifs et peuvent évoluer à la baisse ou à la hausse. Rien ne serait donc définitivement joué... De quoi se montrer zen et optimistes !

Ces émotions qui nous font exister

Les émotions jouent un rôle considérable tout au long de notre existence, même s'il n'est généralement pas de bon ton de les laisser transparaître. Inconsciemment, nous assimilons tout débordement à un aveu de faiblesse, un manque de confiance ou de maîtrise de soi. Nous savons pourtant

---

1 En réalité, certains chercheurs ont découvert que l'on disposait même après 60 ans d'une sorte de « réserve cognitive », qui peut donc servir de compensation aux pertes éventuelles en neurones, à condition d'avoir une activité intellectuelle soutenue.

2 Dans le monde animal, une étude publiée dans *Nature Neuroscience* en septembre 2006 montre en particulier que le singe mâle fabrique de nouvelles synapses lorsqu'il devient père.

3 Le cerveau compterait en fait entre quatre-vingt-six et cent milliards de neurones. Ces derniers ont deux caractéristiques : la capacité de répondre aux stimulations et de les convertir en impulsions nerveuses ; et la conductivité, c'est-à-dire la capacité à transmettre ces impulsions. S'il est démontré que nous perdons des neurones tout au long de notre vie, des recherches récentes ont prouvé que ce n'est pas tant le nombre de neurones qui compte que les connexions qui s'établissent entre eux. Une cellule nerveuse peut être reliée à dix mille autres ! Et les circuits neuronaux changent en permanence, en fonction de l'activité cérébrale. Par exemple, pendant que vous lisez cette note !

qu'elles ont un rôle tout à fait essentiel dans la réussite ou dans l'échec d'un individu. Il s'agit dès lors de savoir les gérer.

L'intelligence émotionnelle

Daniel Goleman[1] est celui qui a le mieux vulgarisé le concept de l'intelligence émotionnelle, en l'appliquant notamment au monde des affaires. S'il reconnaît le QI comme un indicateur de mesure d'une certaine forme d'intelligence, il affirme qu'il ne peut à lui seul rendre compte du potentiel humain réel d'un individu. Prenons le cas d'un leader au QI de 152, mais dénué de toute sensibilité. Que fera-t-il le jour où il lui faudra gérer un plan social ou une grève ? Trouvera-t-il les mots justes pour s'adresser aux salariés ? Saura-t-il convaincre les syndicats de lui faire confiance ? Pourra-t-il résister au stress inhérent à ce type de situation ? Qu'en sera-t-il de sa décontraction naturelle s'il n'est plus en mesure de prendre des décisions sur la seule base de tableaux de chiffres, de graphiques et de corrélations bien senties ? Pourra-t-il s'adapter à un monde moins rationnel ? Rien n'est moins sûr. Lorsqu'il s'agit de galvaniser des équipes démotivées par des mois de crise, il ne faut plus parler avec son cerveau, mais avec ses tripes. Fera-t-il appel dans ces circonstances à ses neurones ou laissera-t-il filtrer ses émotions ?

La mesure du QI n'est cependant pas sans intérêt. Elle constitue un marqueur indéniable de la capacité analytique d'un individu qu'il serait absurde d'ignorer.

Cependant si Goleman a permis la démocratisation du concept d'intelligence émotionnelle, il n'en est pas le concepteur. Lorsque les psychologues se sont penchés sur la question de l'intelligence, ils se sont naturellement concentrés sur les aspects cognitifs, comme les mécanismes de la mémoire ou ceux permettant la résolution des problèmes. Certains chercheurs sont cependant sortis de ce champ d'analyse un peu étroit pour investiguer les aspects non cognitifs, comme Robert Thorndike (1937)[2],

---

1 Goleman, D., *Emotional Intelligence, Why it can matter more than IQ*, Bantam Books, 1995 (Version française : *L'intelligence émotionnnelle*, J'ai Lu, 2014).

2 Thorndike aborde la notion d'intelligence sociale qu'il définit de la façon suivante: « *The ability to understand and manage men and women, boys and girls — to act wisely in human relations* » (« La capacité à comprendre et à piloter les hommes et les femmes, les jeunes gens — garçons et filles — afin qu'ils agissent avec sagesse dans toute relation humaine »).

David Wechsler (1958)[1] et Howard Gardner (1983)[2]. La paternité du mot même d'intelligence émotionnelle semble devoir être attribuée au professeur Joseph E. LeDoux[3], dont les travaux ont servi de base à de nombreux développements ultérieurs.

Ce dernier constate en effet dès 1990 que les stimuli générant nos émotions n'étaient pas traités par le cortex, mais au niveau d'une petite glande se situant dans les replis de notre encéphale. Forte d'un circuit neuronal totalement indépendant du reste, elle joue un rôle déterminant dans certaines situations extrêmes, rendant impossible tout raisonnement logique et pondéré. Il est ainsi possible d'expliquer certains de nos débordements colériques ou la difficulté que nous éprouvons parfois à contrôler nos émotions en raison de fortes contrariétés ou lors d'événements exceptionnels. Des études montrent cependant que l'expérience accumulée tout au long de notre vie — au cours de l'enfance et de l'adolescence en

1 Wechsler définit l'intelligence comme la capacité globale d'un individu à agir à bon escient et à penser rationnellement dans un environnement donné.
2 Gardner introduit la notion d'intelligence multiple et considère que les intelligences intrapersonnelles et interpersonnelles doivent être portées au même rang que la capacité intellectuelle mesurée traditionnellement par le quotient intellectuel.
3 LeDoux, J. E., *The Emotional Brain: the mysterious underpinnings of emotional life*, Simon & Schuster, 1996, Touchstone, 1998.

particulier – nous aide à dompter nos réactions et à contenir nos pulsions. Contrairement à l'intelligence purement analytique – pour laquelle nous supposons que l'hérédité joue un certain rôle –, l'intelligence émotionnelle ne serait pas statique et pourrait s'acquérir ou être renforcée tout au long de notre vie. Elle ne saurait cependant se substituer aux qualités traditionnellement recherchées chez le leader. Daniel Goleman va dans ce sens dans un article publié en 2004 dans la *Harvard Business Review* sous le titre « *What makes a leader?* »[1]: « *Ce n'est pas à dire que le quotient intellectuel et les compétences techniques sont sans intérêt. Ils importent vraiment, mais principalement comme des paliers à atteindre.* »[2] Une fois ces seuils franchis, il convient de leur associer un certain degré d'intelligence émotionnelle. Cette dernière est constituée selon Daniel Goleman par cinq éléments bien distincts :

> la connaissance de soi ;

> la capacité de se gérer et de maîtriser ses émotions ;

> une aptitude pour motiver et mobiliser ;

> un potentiel empathique ;

> enfin de l'aisance pour le travail collaboratif, tout en sachant gérer le changement et les conflits potentiels[3].

D'autres formes d'intelligence

J'ai en tête des exemples de leaders aux capacités intellectuelles exceptionnelles – bien au-dessus de la moyenne – qui avaient sur le papier tout pour réussir et qui – faute de disposer d'une intelligence émotionnelle suffisante – ont finalement échoué dans leurs missions. Les raisons sont souvent les mêmes :

> un *ego* non maîtrisé ou surdimensionné ;

> une méconnaissance de ses limites ;

> une écoute insuffisante ;

> ou encore une inaptitude à savoir s'entourer.

---

1 Que nous pouvons traduire par : « Comment définir un leader ? »

2 Texte original: « *It is not that IQ (intellectual qualities) and technical skills are irrelevant. They do matter, but mainly as threshold capabilities.* »

3 Les cinq éléments dans le texte cités par Daniel Goleman sont « *self-awareness, self-regulation, motivation, empathy and social skills* ».

Et si l'appât du gain, la recherche du pouvoir absolu ou le besoin constant de séduire constituent des moteurs puissants pour toute personne muée par l'ambition, ce sont aussi des plaques de verglas qui entraînent régulièrement de nombreux dirigeants dans des chutes vertigineuses.

À l'inverse, il m'est souvent arrivé de travailler avec ou pour des personnes au potentiel plus limité et qui se sont pourtant révélées très performantes. Des êtres « ordinaires » peuvent se révéler « extraordinaires » dans certains contextes. Les exemples ne manquent pas autour de nous, tant en politique que dans le monde des affaires. Alors, quel est leur secret puisque rien *a priori* ne les prédestinait à gouverner ? L'explication est simple : ils ont généralement su développer d'autres formes d'intelligence en donnant à la gestion des émotions une place toute particulière. Leur profil se révèle alors plus complet. Ils sont plus résistants, plus résilients. Et dans le monde actuel, ce sont des qualités très précieuses et propres à définir les bases d'un leadership équilibré.

D'un narcissisme à un autre

Qu'avons-nous appris ? Les dirigeants actuels sont pour beaucoup des narcissiques dominants, aux styles « visionnaire » et « directif ». Ils ont généralement suivi les mêmes cursus de formation et sont cartésiens par essence, laissant peu de place au hasard. Si leur QI est généralement très développé, leur QE (« Quotient Émotionnel ») l'est beaucoup moins. C'est même l'une de leurs lacunes. Cette faiblesse les amène très souvent à commettre des erreurs rédhibitoires. Or, le monde d'aujourd'hui exige une sensibilité différente qui disqualifie souvent les narcissiques dominants pour les raisons évoquées précédemment.

Un déficit d'intelligence émotionnelle

Nous commençons à cerner le problème. **Les dirigeants narcissiques dominants sont pour l'essentiel en déficit d'intelligence émotionnelle.** C'est donc à ce niveau qu'il faut travailler. La bonne nouvelle est – comme nous l'avons évoqué précédemment – que l'intelligence émotionnelle peut se renforcer tout au long de notre existence en fonction de nos expériences personnelles ou des formations que nous suivons. Il existe en réalité diverses façons de la développer. La plupart des leaders actuels sont de belles mécaniques intellectuelles, ils ont appris à raisonner juste et à prendre des décisions rationnelles. Ils analysent les problèmes, les décortiquent pour trouver de façon logique la solution la plus adaptée.

Cependant, le monde réel est désormais différent. Il est devenu plus complexe. Il n'y a plus une solution possible, mais des solutions. Par ailleurs, l'environnement s'avère plus que jamais fluctuant et imprévisible. Il est souvent difficile de s'y projeter, d'autant plus que les intérêts de chacun divergent facilement. C'est pourquoi l'intelligence émotionnelle devient si importante afin de mieux cerner cette société en perpétuel mouvement. L'intuition et les émotions se muent en éléments vitaux. En comprenant mieux les situations et les individus, on peut apporter des réponses plus appropriées.

La figure n° 2 devient donc :

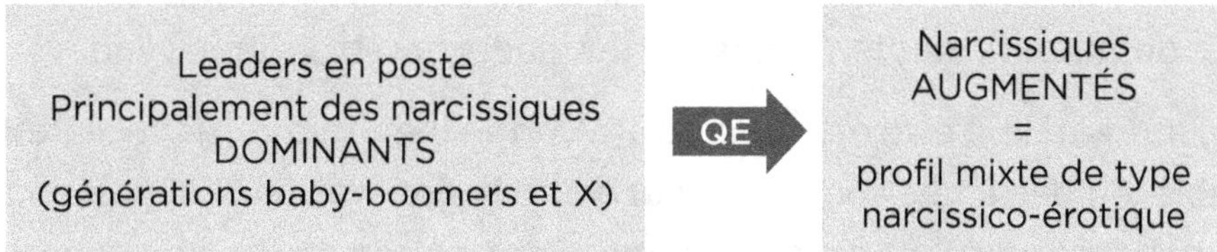

Figure n° 3 – Mutation des leaders actuels en narcissiques augmentés par le renforcement de l'intelligence émotionnelle

Le type érotique étant de loin le plus riche en matière d'aptitudes émotionnelles, le **narcissique augmenté** est en réalité presque toujours **un profil mixte de type narcissico–érotique.** Il illustre le second type de leadership (voir figure n° 4).

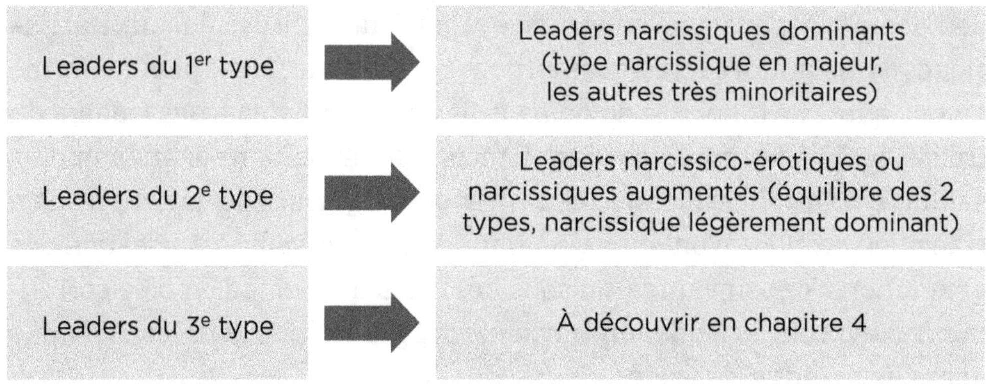

Figure n° 4 – Les trois types de leadership

Nous avons déjà eu l'occasion de dire qu'il existait une multitude de combinaisons possibles. Les plus fréquentes sont illustrées par la figure n° 4 et appellent les commentaires suivants :

> La première combinaison – ou premier type – est la plus répandue à ce jour chez les dirigeants.

> La seconde – ou deuxième type – devrait être la forme évolutive du premier type. On parle également de **mutation érotique**, puisqu'il s'agit de développer aux côtés du type narcissique une composante érotique forte.

> La troisième – ou troisième type – constitue l'objet même de ce livre et sera abordée dans le quatrième et dernier chapitre.

Une mutation possible

On me demande souvent lors de mes interventions si les dirigeants narcissiques dominants peuvent devenir des leaders du troisième type.

Pour une partie d'entre eux, la mutation – bien que difficile – semble possible, en particulier pour une partie de la génération X appartenant à la tranche d'âge allant de 37 à 45 ans. Dans ce cas de figure, on parle de **transition érotique** en ce sens que cette évolution n'est alors qu'une phase évolutive. On passe ainsi d'un profil narcissique dominant à un profil narcissico-érotique – le facteur narcissique restant le type majeur – pour enfin se transformer dans le temps en leader du troisième type.

Pour celles et ceux nés au milieu des années 60 et avant, rien d'impossible non plus, mais le fossé générationnel avec les « *digital natives* » ou la génération Y peut dans certains cas devenir rédhibitoire. C'est pourquoi le deuxième type revêt une importance si particulière. Il permet aux narcissiques dominants d'évoluer plus en douceur vers une forme plus conforme aux attentes de la société de demain. Ils ne seront jamais des leaders du troisième type à proprement parler, mais cette évolution sera néanmoins salutaire pour tout le monde. Bien entendu, ces phases de mutation ou de transition érotique n'ont plus aucun fondement lorsqu'il est question des générations Y et suivantes, puisque ces dernières vont d'emblée correspondre au profil du leader du troisième type, du moins pour les individus ayant un potentiel de leader.

Du reste, au vu des évolutions sociétales que nous avons pu décrire depuis le début de cet ouvrage, il y a fort à parier que les profils narcissiques dominants se verront progressivement disqualifiés dans les processus de sélection des hauts potentiels.

Mutation érotique : comment ?

La mutation érotique constitue donc cette phase permettant de transformer des narcissiques dominants en narcissiques augmentés par l'ajout d'une dose érotique.

Le narcissisme se veut par nature « typivore » ! Il prend en effet assez facilement l'ascendant sur les deux autres types – l'obsessionnel et l'érotique –, les dévore et ne leur laisse que des miettes, provoquant à la longue un réel déséquilibre de personnalité. Il faut donc être vigilant et procéder à un rééquilibrage tant que cela est possible. Augmenté du type « érotique », le leader devrait être plus à même de naviguer au cœur de la quatrième révolution industrielle et d'une économie davantage vouée au partage et à la collaboration.

Avec l'émergence de nouvelles générations aux postes de commandement, le processus devrait naturellement s'inverser, faisant du type narcissique un élément secondaire. Et cela tombe bien, car la mesure du succès est en train de changer également. Aux traditionnels ratios économiques et financiers vont s'ajouter d'autres indicateurs davantage centrés sur l'homme, le bien-être ou l'environnement.

Ça, c'est pour la théorie. Mais la question pragmatique et légitime qui se pose à ce stade est de savoir comment procéder pour réussir cette fameuse mutation. Les méthodes sont nombreuses pour y parvenir et nous ne prétendrons pas en dresser une liste exhaustive. Néanmoins, certaines s'avèrent plus efficaces que d'autres pour obtenir un résultat probant. Découvrons-les à présent.

Cinq actions pour changer

Des narcissiques dominants ne voient généralement pas d'eux-mêmes la nécessité de changer. Ils se considèrent tellement au-dessus du lot que l'idée ne les effleure même pas. Leur entourage immédiat doit les y aider pour capitaliser sur leurs forces. Voici cinq actions qu'il est possible de mettre en place.

S'assurer d'un recrutement diversifié

Nous avons tous une tendance naturelle à nous « répliquer », particulièrement les narcissiques dominants. Ceux-ci essaient inconsciemment de se « cloner » parce que cela les rassure. Même cursus, même école, même université. Ils cherchent des points de référence auxquels se raccrocher. Nous le faisons tous en réalité, mais dans leur cas, c'est beaucoup plus systématique. Nombre d'entre eux se montrent favorables à ces systèmes élitistes parce qu'ils les barricadent derrière des grilles de protection. Du moins en sont-ils persuadés.

Si cette façon de faire peut présenter certains avantages, elle présente également de nombreuses limites. L'exemple du modèle français est à cet égard édifiant. Le corps de direction de certaines entreprises peut ainsi être composé majoritairement de membres issus d'une même école. Or pour être performant de nos jours, nous savons qu'il faut être éclectique et disposer de compétences provenant d'horizons très variés, en évitant de privilégier une ou plusieurs castes. En s'assurant d'un recrutement diversifié, on aide indirectement les narcissiques dominants à évoluer. Entourés de profils différents, ils se voient confrontés à des réactions qu'ils ne connaissent pas. Peu à peu, par la force des choses, ils s'enrichissent, se posent de nouvelles questions, différentes de celles qui les animaient jusqu'alors, et au final se remettent parfois en cause.

Prôner la parité

Avoir autant de femmes que d'hommes aux postes clés de l'entreprise – ou en politique – est un atout en termes de créativité et de performance. Ce mouvement, qui constitue un réel combat, n'est pas nouveau. Les progrès n'en sont pas moins très lents. Pourtant, on gagnerait à accélérer la cadence. Si les femmes ont également un certain *ego* – eh oui, elles peuvent aussi être narcissiques –, elles parviennent généralement à mieux le maîtriser que la gent masculine. Les hommes forment en réalité la majorité des narcissiques dominants.

En travaillant davantage aux côtés de femmes – positionnées au même niveau hiérarchique –, ils finissent par intégrer une nouvelle façon de faire. Les femmes agissent différemment. Elles sont également très efficaces. Leurs méthodes changent et bousculent les règles. Elles donnent plus de place au dialogue, à l'échange, au mode de travail collaboratif, à l'humain. Elles sont très en phase avec les aspirations du monde de demain. En synthèse, les femmes pourraient bien être la bouée de sauvetage des narcissiques dominants, qui sont pour beaucoup en train de boire la tasse, voire de se noyer.

Rechercher la diversité culturelle

Les entreprises évoluent de plus en plus à l'international. Dès lors, les narcissiques dominants qui les dirigent sont confrontés à différents systèmes de valeurs, à des comportements variés et à des attentes hétérogènes. Un Chinois, un Américain et un Russe ne réagissent pas de la même façon face à un problème ou à une opportunité. À une plus petite échelle, l'entreprise reflète généralement le monde tel qu'il est, un univers où gravitent toutes les sensibilités, toutes les origines, un vaste *melting-pot* composé de talents diversifiés qui ne demandent qu'à échanger et à collaborer. Au lieu de rejeter cette diversité, il faut au contraire l'intégrer pour en tirer un réel bénéfice.

Malgré les différences, l'expérience montre qu'un ciment finit tôt ou tard par unir et sceller toutes les composantes de l'entreprise, même celles qui paraissent de prime abord inconciliables. Ce ciment porte un nom : la culture. Cette dernière est probablement le seul élément que les concurrents ne peuvent copier. La culture est finalement à l'entreprise ce que les gènes sont à l'individu. Propre à chaque entité, elle lui confère une identité spécifique. L'entreprise multiculturelle se révèle en réalité une chance pour le narcissique dominant qui s'ouvre davantage aux autres, en se découvrant très vite de nouvelles forces et qualités, sur les plans comportemental, cognitif et émotionnel.

Miser sur le coaching et des formations très ciblées

Voilà de formidables outils pour faire évoluer un narcissique au profil très marqué. On se doute bien qu'il n'en est pas très friand. L'entreprise désireuse de prendre soin de ses dirigeants narcissiques aura tout intérêt à s'appuyer sur un organisme spécialisé. L'idée est alors de leur faire passer un test d'évaluation visant à mettre en avant leurs points forts et leurs zones de progrès potentiel. Dès lors, par le biais de formations sur mesure et/ou d'un coach spécialisé, il est possible de s'attaquer aux problèmes identifiés. Le travail consistera en priorité à développer leur intelligence émotionnelle.

Mettre en place un système de rotation
ou de missions transverses

Un profil narcissique dominant doit idéalement être positionné sur une mission transversale et si possible dans un contexte international. Il se trouve ainsi poussé au compromis, lui qui par nature n'y est pas très favorable. Un narcissique perdant ses repères devient moins performant, plus vulnérable. Ayant besoin des autres, il va immanquablement se tourner vers eux, se mettre davantage à leur écoute. La mise en œuvre d'un système de rotation est également très efficace pour faire évoluer les cadres dirigeants au profil narcissique. Il s'agit de leur confier des missions transverses entre deux postes opérationnels.

Vers un monde sans narcissiques dominants

Puisque les narcissiques dominants semblent si complexes à gérer, pourquoi ne pas en profiter pour les éliminer définitivement des fonctions de commandement ? Pourquoi ne pas former tout de suite cette nouvelle génération de leaders du troisième type et remplacer tous les narcissiques dominants ? Ce n'est en réalité pas aussi simple que cela. À terme, il me semble évident qu'ils vont totalement disparaître. Nous avons vu qu'ils étaient déjà fortement chahutés et pour tout dire bien souvent remis en cause. Du moins dans cette forme extrême. Aussi bien en politique que dans le monde des affaires. Cependant il faut aussi être réaliste : leurs qualités sont évidentes et leur mutation vers un autre type – pour en faire des narcissiques augmentés – va prendre un peu de temps. Cela se fera par étapes.

La composante narcissique devrait néanmoins perdurer sous une forme très atténuée dans le profil standardisé des leaders de demain. Rappelons que nous ne sommes jamais constitués d'un seul type libidinal – selon la nomenclature définie par Freud –, mais d'une combinaison de types. Ainsi, si le narcissisme est de loin la composante majeure dans le pedigree des dirigeants actuels – plus de 80 % du contour total selon diverses études – il est fort probable qu'il deviendra à terme une caractéristique mineure.

Dans un monde de plus en plus tourné vers la créativité, l'intelligence émotionnelle et le collectif – un univers par ailleurs porté par le facteur digital –, la composante érotique va peu à peu gagner du terrain au détriment du narcissisme. **Les leaders du troisième type vont ainsi progressivement émerger.**

RENCONTRE DU TROISIÈME TYPE !

La théorie des types libidinaux de Freud ne pouvait que changer ma vision du leadership. Et dans ces temps de crise et de disruption permanente, nous n'avons jamais eu autant besoin de leaders. Alors que nous nous trouvions au cœur de la tornade qui soufflait depuis 2008, j'ai fait défiler les profils des dirigeants en poste pour les jauger au regard du modèle freudien. Nous étions entourés de personnalités narcissiques — n'ayant pas de pires ennemis qu'elles-mêmes — et d'obsessionnels — en formidables seconds. Mais qu'en étaient-ils des « érotiques » ? Je connaissais peu ce type. Comme beaucoup, au début cela m'avait amusé. Le mot « érotique » dans le contexte de l'entreprise avait de quoi surprendre. Mais avec le temps, ayant mieux compris ce qu'ils pourraient apporter, notamment plus d'intelligence émotionnelle, je me suis demandé s'ils n'étaient pas la solution à nos problèmes. J'ai alors réfléchi à celle ou celui qui pourrait incarner au mieux ce type libidinal et je l'ai trouvé en la personne d'Alexandre le Grand.

ALEXANDRE LE GRAND OU LE RÊVE AUGMENTÉ

Le plus grand conquérant de tous les temps peut à bien des égards être considéré comme le profil type du leader du troisième type. Admiré, envié, copié, Alexandre le Grand fut aussi un fin stratège, doublé d'un passionné d'histoire et de littérature. La tête et les jambes en d'autres termes. Son nom et sa légende ont traversé les siècles pour laisser sur l'humanité une empreinte indélébile. Derrière l'icône du chef militaire qu'il fut se cachent des trésors pour ceux qui s'intéressent au leadership en général. Le mérite d'Alexandre le Grand n'est pas toujours là où on l'imagine.

Un narcissisme acceptable

À sa naissance en 356 avant J.-C., son père Philippe II – descendant d'Héraclès – régnait en maître absolu sur la Macédoine. Depuis plus de cinquante ans, le monde Grec se trouvait en plein désarroi. C'est donc dans un environnement particulièrement tendu qu'il grandit, se révélant rapidement très brillant, atypique et précoce en toute chose. Élève à 13 ans du grand Aristote, il se tint aux côtés de son père – alors qu'il n'avait pas encore 20 ans – lors de la bataille décisive de Chéronée, où les Macédoniens l'emportèrent face aux Athéniens et aux Thébains. Cette victoire marqua pour lui un tournant décisif.

Visionnaire, le jeune Grec affirma très vite son ambition : réunir l'Orient et l'Occident pour former un empire de culture grecque d'une puissance inégalée, digne de son ascendance puisqu'il descendait d'Achille par sa mère Olympias. Attaché à ses racines, admiratif des héros mythologiques, il portait au fond de lui le projet d'un hellénisme universel. Poursuivre un objectif d'une telle force est bien sûr le propre d'un leader inné. Éprouvant une véritable dévotion pour Athènes, passionné par la philosophie et les arts, il ne se séparait jamais de l'Iliade d'Homère.

La personnalité d'Alexandre est complexe et difficile à décrypter. Il est au leadership ce que les All Blacks sont au rugby. Une sorte d'étalon. Si Jules César essaya de s'en rapprocher, il ne parvint jamais au point d'équilibre atteint par le Macédonien, une alchimie subtile qui lui permettrait aux étapes charnières de sa vie de prendre les bonnes décisions et de garder la hauteur de vue nécessaire.

Si le narcissisme n'est pas la caractéristique qui le définit au mieux, Alexandre n'en fut pas pour autant totalement dépourvu. Il l'exprima notamment lorsqu'il refusa de participer aux Jeux Olympiques sous prétexte qu'il ne pouvait se mesurer qu'à des rois. Plus tard, pour faire condamner Philotas[1], il n'hésita pas à mettre en scène un procès totalement partial. Il ne craignit pas non plus de faire assassiner Parménion[2], qu'il considérait comme l'instigateur de complots contre sa personne. Il tua Clitos[3], ce dernier ayant osé lui résister en public. Il n'hésita pas à élaborer des stratagèmes pour séduire ou manipuler les peuples barbares qu'il prétendait civiliser. Et comment le lui reprocher ? Il est des temps où la ruse permet d'éviter des massacres inutiles !

---

1 Fils de Parménion, il fut l'un des principaux généraux d'Alexandre. Convaincu d'avoir voulu attenter à la vie de son roi, il mourut lapidé, conformément à la coutume macédonienne.
2 Officier de Philippe II de Macédoine puis d'Alexandre, il se vit confier par ce dernier des missions primordiales avant de tomber en disgrâce.
3 Officier dans l'armée d'Alexandre mais aussi ami du roi, qui le tua lors d'une querelle.

À certains moments, on ne peut comprendre l'attitude du jeune roi qu'en connaissant sa vie. Ainsi, après avoir pris la ville de Thèbes dans un bain de sang, il épargna les descendants du poète Pindare dont il était un lecteur assidu ! Ou encore lorsqu'il se déplaça à Corinthe pour rencontrer le philosophe Diogène. Alors que ce dernier le snoba de cette formule légendaire « *Ôte-toi de mon Soleil* », il surprit ses officiers moqueurs : « *Si je n'étais pas Alexandre, je voudrais être Diogène.* » Ces exemples en disent long sur sa psychologie et son état d'esprit. L'homme était donc tout en nuances. Sombrant en de rares occasions dans les affres de la tyrannie, il fut aussi un homme cultivé et raffiné. Si ces exemples montrent qu'il ne savait pas toujours gérer ses pulsions, son narcissisme reste tolérable en comparaison des souverains de l'époque. Il acceptait généralement l'opposition, les conseils et ne se fermait pas aux émotions.

Dès le début de son règne, Alexandre s'entoura d'amis fidèles, des hommes de confiance. Il plaçait depuis toujours la loyauté au-dessus de tout. Certains membres de sa garde rapprochée, comme Ptolémée ou Antigone, devinrent eux-mêmes des rois. Le magnétisme que le Macédonien dégageait lui permit de convaincre et d'entraîner avec lui des cohortes de soldats qui se voyaient comme des compagnons de route de leur roi. L'aventure commença pour tous à la bataille du Granique, où Alexandre mit en déroute les armées de Darius, roi des Perses. Elle fut suivie par celle d'Issos et de beaucoup d'autres. À chaque fois, le jeune roi fit preuve d'un sens tactique et stratégique peu commun, des atouts qui lui permirent de faire face aux imprévus et de remédier à l'infériorité numérique de son armée.

Un être hors normes

Au-delà de ses nombreuses victoires militaires, c'est la démarche qu'il adopta qui fait de lui un être exceptionnel et unique. On trouve certes dans toutes les décisions qu'il prit, dans toutes les actions qu'il mena, un grand sens logique, mais il y a surtout des valeurs humaines aussi profondes qu'avant-gardistes. Quelle était la spécificité de son cheminement intellectuel ? En quoi se différenciait-il des autres ? Voici quelques éléments de réponse.

D'abord, Alexandre respectait ses adversaires. Il connaissait les peuples, leurs origines, leurs coutumes. Convaincu de porter en lui une mission divine et de devoir inspirer et guider ceux qu'il mettait sous son joug, il ne laissait rien au hasard. Avec Alexandre, l'ennemi d'hier pouvait devenir l'allié du lendemain... mais une fois vaincu seulement ! La politique d'assimilation qu'il prônait était loin de plaire à tout le monde. Ainsi, c'est un Perse qui devint le satrape de Babylone, une fois la ville tombée entre ses mains[1]. Il procéda de la même façon un peu partout, servant sa propagande et se créant l'image d'un souverain unificateur. Astucieux, il réglait du même coup son problème d'effectif

---

1   Pour se prémunir de possibles trahisons et garder le contrôle de la ville conquise, il nommait généralement un hétaire au poste de gouverneur militaire et un Macédonien au trésor public.

puisqu'il ralliait peu à peu à sa cause les peuples défaits, qui dès lors grossissaient les rangs de ses armées.

Ensuite, Alexandre le Grand était plutôt ouvert. Il acceptait le débat[1] – parfois la critique – et savait faire preuve d'un certain libéralisme, un fait encore très exceptionnel pour l'époque. Il savait mieux que personne que pour mener à bien son dessein, il lui fallait plus qu'une armée. Il devait s'entourer d'hommes déterminés, habités par les mêmes ambitions que lui. Il cherchait l'adhésion totale. Ainsi, lorsque ses troupes se démobilisèrent après la mort du roi Darius – événement qui signait pour des hommes pressés de regagner leurs foyers la fin de leur mission –, il tenta de les convaincre du contraire, qu'il n'en était rien et qu'il s'agissait là du début d'une entreprise bien plus vaste.

Ce qu'il visait dépassait l'imaginaire du commun des mortels. Son intention était de constituer un empire universel. Il voulait réunir en un seul territoire toutes les contrées référencées à l'époque. En d'autres termes, établir un ordre nouveau sous un dénominateur commun, mêler les cultures, les ethnies, les nations, pour former un peuple d'un genre nouveau et totalement agrégé, avec pour ferment l'hellénisme. Cependant cette vision était contestée, essentiellement parce qu'elle fut peu comprise. Nombreux furent ceux qui, estimant être partis de chez eux depuis trop longtemps, voulaient rentrer. Désireux de ne contraindre personne à le suivre, Alexandre le Grand décida de leur laisser le choix : rentrer chez eux avec une somme d'argent, ou rester et l'accompagner pour une solde beaucoup plus élevée. Certes, on peut contester la méthode consistant à utiliser l'argent comme appât ou facteur de mobilisation, mais une nouvelle fois, le jeune roi innova en offrant à ses hommes une alternative à la fois généreuse et audacieuse. Tout ceci prouvait son ouverture d'esprit, son respect pour chacun et ses convictions, ainsi que sa persévérance, car il n'était pas homme à renoncer facilement.

Alexandre oscillait toujours dans toutes les actions qu'il mena entre intérêt intellectuel[2] et recherche de nouvelles sources de gains pour son peuple. Il ne se contentait pas de vouloir conquérir de nouveaux territoires, mais voulait aller au-delà des connaissances, franchir les limites de l'inconnu – comme Héraclès ou Dionysos le firent en d'autres temps –, et découvrir cette terre mystérieuse, l'Inde, dont les anciens Grecs savaient finalement peu de chose. Il voulut aussi en profiter pour créer ou consolider de nouvelles routes commerciales, sources de revenus additionnels. Pour parvenir à ses fins, il réorganisa ses armées, intégrant au passage des mercenaires. Il ne changea rien à son état-major, une fois de plus fidèle à ses amis. Blessé à plusieurs reprises, il ne connaissait pas la peur. Il était même excité par le risque – un trait de son tempérament – en se souvenant de ses lectures qui décrivaient l'échec d'Héraclès – fils de Zeus – devant le fameux rocher d'Aorne. Ce site réputé imprenable selon la mythologie ne pouvait

---

1 Même s'il pouvait lui arriver de perdre le contrôle, comme nous l'avons déjà vu.
2 Comme le fit plus tard Bonaparte en Égypte, Alexandre emmena avec lui des savants, des cartographes, des botanistes, etc.

qu'attirer l'attention du jeune roi. Et pourtant, malgré son assurance, Alexandre faillit perdre la célèbre bataille d'Hydaspes. Excès de confiance, témérité, sous-estimation de l'adversaire, difficile de le savoir[1].

Enfin, il était un souverain à l'écoute active. C'est sur ce terrain qu'il se détachait d'un profil narcissique pur. Il prêtait attention aux autres et prenait en compte leurs analyses. Nombre de rois sombrèrent avant lui de ne pas avoir su le faire. Nombre de souverains et de chefs d'État commirent la même erreur au cours des deux millénaires suivants. Lorsqu'il comprit que ses hommes ne voulaient plus le suivre, qu'ils voulaient rentrer en Macédoine, que la révolte grondait dans son armée — alors que lui ne rêvait que de pénétrer dans des terres jusque-là inconnues des Grecs —, il multiplia les discours, glissa çà et là quelques menaces à peine voilées, avant de renoncer trois jours plus tard, acceptant de prendre le chemin du retour. Pour son armée, ce fut le bonheur. Pour le conquérant qu'il était, ce renoncement fut une déchirure. C'est à ce moment précis que l'Iliade s'acheva pour lui et que son Odyssée commença. Alexandre changea alors de discours et rendit hommage à ses hommes, faisant construire les édifices propres à laisser une trace de son passage. Ainsi, au centre d'un autel, il fit élever une colonne — qui n'est pas sans rappeler celle d'Hercule — où il fit inscrire : « Ici s'est arrêté Alexandre ». À l'issue d'une ultime bataille contre les Maliens, où il faillit périr, il fut acclamé par ses soldats pour avoir survécu ! Ils savaient tous que sa mort aurait entraîné l'éclatement de son empire.

Leader du troisième type avant l'heure

Tous ces éléments font d'Alexandre un être différent des autres. Conquérant, intellectuel, poète, tacticien, roi, il fut tout à la fois. Visionnaire, il poursuivit un rêve, son destin. Sous son règne, le monde sortit agrandi, apaisé, unifié, avec de nouvelles frontières, dont certaines perdurent encore de nos jours. Grâce à sa détermination et aux scientifiques qui le suivirent un peu partout, la connaissance progressa. Il la mit du reste à la disposition du plus grand nombre en bâtissant la grande bibliothèque d'Alexandrie.

Alexandre fut à n'en pas douter un **leader du troisième type avant l'heure !** Sensible, il laissait ses émotions s'exprimer : son mécontentement quand son armée le lâcha, sa colère quand on lui résistait trop ou sa douleur lorsqu'il perdit un être aimé. La part érotique — qui occupe une place principale dans son profil — s'exprima par exemple à la mort d'Héphestion où, sans doute inconsciemment, au bord du désespoir, il agit comme l'avait fait avant lui Achille pleurant Patrocle. Alexandre dépensa alors sans compter pour rendre hommage à celui qu'il aimait. La partie narcissique de son personnage — même si elle reste limitée comparativement à d'autres rois à son époque — s'exprima en d'autres

---

1 Il y perdit malgré tout son cheval Bucéphale. Il fit élever une ville, Bucéphalie (ou Boukêphalia), sur une rive du fleuve Hydaspe, à l'endroit même où son fidèle destrier avait trépassé !

occasions. Il est probable du reste qu'Héphestion ne fut pas seulement un compagnon de route, un être cher, un amant, mais aussi un fou-du-roi, notion déjà abordée[1].

Alexandre mourut très jeune. Les héros ne vieillissent généralement pas. Il laisse de lui la trace d'un personnage héroïque. Une fois les défauts de son caractère dissipés — on ne peut juger un personnage de cette trempe sur quelques actes isolés —, il reste un mythe, d'autant plus fort que son tombeau reste toujours introuvable à ce jour, ce qui n'a pas manqué d'alimenter l'imaginaire collectif. Il souhaitait avant toute chose faire de la civilisation grecque le ciment culturel du monde connu, le théâtre d'un métissage ethnique propre à tirer le meilleur de chacun. Et de ce point de vue, Alexandre le Grand a pleinement réussi.

---

1 La face cachée du roi macédonien ne s'exprima en réalité qu'après la disparition de ce dernier.

Chapitre 4

IL ÉTAIT UNE FOIS LA RÉVOLUTION 2.0 : ÉMERGENCE DES LEADERS DU TROISIÈME TYPE

À retenir

Comment valoriser l'expérience dans un monde où tout peut être remis en cause en un éclair ? L'agilité, l'adaptabilité, la créativité, le courage et l'optimisme deviennent les facteurs de succès. Alors que nous cherchions hier des leaders managers — aptes à diriger dans un univers totalement maîtrisé — il nous faut aujourd'hui des leaders inventifs, capables de bousculer le *statu quo* dans un contexte mouvant, incertain et imprévisible.

Bien que dépassés, les leaders narcissiques dominants possèdent néanmoins de fabuleux atouts. Pour refonder une société moins violente, plus tolérante, ouverte et indépendante du diktat de la finance, une société refusant de voir la planète dévastée au profit de certains lobbies, il nous faut des personnalités plus équilibrées, des visionnaires aptes à bousculer l'ordre établi. Ce sont les **révolutionnaires 2.0** ! Aux frontières de la disruption, ils mélangent de nouveau les cartes, changent le monde, redonnent du sens à l'engagement et font passer le collectif avant l'intérêt personnel. Nous assistons en direct — et sans en avoir toujours pris conscience — à la naissance des **leaders du troisième type** !

Recherche troisième type désespérément !

Si les hommes ne font que passer, ce sont bien eux qui, à chaque étape clé de notre histoire, font la différence et façonnent la société. Ils montrent la voie au plus grand nombre, trouvent les mots justes, font triompher les bonnes causes, luttent contre les injustices et rétablissent les libertés. Les systèmes ne font pas cela. Par mutations successives, notre civilisation a su faire face aux pires catastrophes, à l'engluement, à la décadence. Les exemples de gloire acquise puis perdue ne manquent pas. Aux moments déterminants, il y a toujours des individus de valeur pour se dresser, s'opposer, se rebeller et enfin pour ouvrir la voie à de nouveaux espaces de progrès.

Les leaders du troisième type sont ainsi en train d'émerger pour construire un ordre nouveau. Ils vont peu à peu remplacer les narcissiques dominants ou augmentés, selon qu'ils auront eu le temps d'évoluer ou pas. Ils sont différents, animés par d'autres flammes, portés par d'autres ambitions, dotés d'une palette intellectuelle plus large. Pour l'heure, le challenge va consister à détecter, former et préparer ces futures élites. Plus discrets que leurs aînés, ils ne cherchent pas la lumière à tout prix. Leur *ego* est davantage maîtrisé. Plus coachs que stars. Plus opérationnels que politiques. Ils sont davantage tournés vers l'autre, plus à l'écoute, dans le dialogue, sans perdre de vue pour autant leur rôle de manager. Surtout, ils s'avèrent des créatifs élevés dans un monde en pleine digitalisation. Ils sont **disruptifs** par essence. C'est même leur marque de fabrique.

L'âge de la disruption

La quatrième révolution industrielle

Tout leader doit assurer sa succession. C'est même une tâche prioritaire. Certes, nous avons le devoir de nous acquitter de nos responsabilités stratégiques et opérationnelles, mais nous devons également veiller à la transmission. Par conséquent, il y a ceux qui sont aux commandes et ceux qui se préparent à les remplacer. Les entreprises veillent à accompagner ces transitions en préparant des bastions de hauts potentiels. Dans les périodes dites classiques ou de faible turbulence, tout se passe généralement en douceur. Les profils restent relativement similaires, la cooptation est quasi systématique et tout va pour le mieux dans le meilleur des mondes. Dans les périodes de profondes remises en cause, tout diffère et rien n'est aussi clair. Depuis quelques années, nous sommes plongés au milieu de l'une d'elles, au cœur de la quatrième révolution industrielle.

La première naquit au Royaume-Uni à la fin du XVIIIe siècle, quand l'extraction massive de charbon permit l'avènement de la machine à vapeur, l'émergence de nouvelles industries – la filière du textile en particulier – et le développement du chemin de fer.

Au début du siècle dernier démarra la seconde révolution industrielle. Les puits de pétrole et l'invention de l'électricité firent décoller en Allemagne et aux États-Unis la production de masse, notamment dans le secteur de l'automobile.

La troisième surgit aux débuts des années 1970 avec la découverte de matériaux révolutionnaires – comme la résine, la céramique ou le silicone – qui participèrent à la naissance de l'ère informatique. Point d'orgue de cette période, l'avènement d'Internet bien sûr au milieu de la décennie 1990. L'âge de l'information et des services.

La quatrième enfin débuta au milieu des années 2000, après l'explosion de la bulle Internet en 2000 qui mit fin à la première vague des start-up. De nombreuses raisons peuvent expliquer cette rupture brutale. La plus évidente selon moi se situe au niveau technologique. Pour ceux qui ont eu la chance de vivre l'éclosion de ce que l'on appelait alors la « nouvelle économie », il paraît évident que la promesse technique formulée par tous les entrepreneurs post-Internet n'avait pu être assumée. L'innovation n'avait tout simplement pas suivi. Ce n'est pas le cas de la période actuelle, qui signe la naissance de la révolution digitale. Développements agiles, technologies autour du *cloud*, *big data*, objets connectés... Tout paraît possible, nous ne semblons plus avoir de limites. Cette transformation numérique est profonde. Elle touche tous les secteurs d'activité, tous les métiers, tous les processus.

Deux sortes de leaders

Il existe donc deux sortes de leaders : ceux qui sont aux commandes et ceux qui se préparent à les remplacer Le troisième chapitre s'est concentré sur la première catégorie. Les leaders aux commandes des entreprises et des États sont à la peine. Du moins pour une partie d'entre eux. Majoritairement narcissiques dominants, ils ne comprennent plus le monde qui leur fait face. Intelligents, structurés, rationnels, ils savent analyser, décortiquer et résoudre des problèmes. Cependant, ils ne sentent plus ce qui se passe vraiment. En d'autres termes, ils sont pour bon nombre d'entre eux totalement ou partiellement déconnectés de la réalité.

Comme il est impossible de passer d'un monde à un autre d'un coup de baguette magique, il a été question pour nous de savoir s'ils pourraient s'adapter à la nouvelle donne sociétale, en attendant qu'une nouvelle génération de leaders puisse les remplacer. Nous avons répondu que cela était tout à fait possible, à la condition d'ajouter ou de développer le type érotique dans leur profil de personnalité, à côté de leur narcissisme omniprésent. Pour y parvenir, les leaders actuels vont donc devoir se pencher sur la partie émotionnelle de leur moi intérieur et chercher à en tirer avantage. Tous n'y parviendront pas. Tous n'en auront pas le désir. En tout cas, cette mutation est possible ; il s'agit juste en premier lieu de le vouloir. Les narcissiques dominants deviendront alors, pour le bien de tous, des narcissiques augmentés ou des leaders narcissico-érotiques. Ils ne seront certes pas des leaders du troisième type – du moins presque jamais – mais seront au moins capables, en étant plus équilibrés, d'accompagner cette phase intermédiaire qui devrait s'étaler sur plusieurs années.

Qui sont ces leaders du troisième type qui se préparent à les remplacer ? Certains du reste se trouvent déjà en place. En réalité, il s'agit de révolutionnaires 2.0. Des individus qui refusent le *statu quo*, comme nous avons déjà eu l'occasion de le souligner, des femmes et des hommes qui veulent réinventer un nouveau monde, de nouveaux paradigmes, de nouvelles façons de procéder. S'appuyant sur le digital, ils pensent autrement, agissent différemment et ne sont pas emprisonnés dans les carcans d'une éducation rigoriste et formaliste. Ils se révèlent beaucoup plus libres.

Aux moments clés de l'histoire humaine, des êtres exceptionnels – souvent des profils de révolutionnaires – ont surgi pour changer le cours des choses. Habituellement, les révolutionnaires bousculent le pouvoir en place, le font vaciller et chuter. Ils en installent d'autres, sans forcément chercher à prendre les commandes eux-mêmes. C'est en cela que la période actuelle diffère des autres. Ces révolutionnaires 2.0 – s'appuyant sur le numérique pour mener leur croisade – sont en train de générer une rupture telle qu'il paraît improbable qu'ils soient simplement des « passeurs », des agents du changement éphémère dont on pourrait se passer une fois le cataclysme survenu. Ils sont en train de définir un nouveau cadre qui leur correspond finalement assez bien. Moins de frontières, un monde plus ouvert, plus créatif, où l'intuitif va peu à peu prendre le pas sur toutes formes de rationalité, où la notion de possession se relativise au profit de l'usage.

Ces révolutionnaires 2.0 ou leaders du troisième type ne sont pas uniquement des fondateurs de start-up. Ces derniers sont bien sûr l'un des viviers principaux, mais il ne s'agit pas du seul. Ils émanent de grandes entreprises, de plus petites structures, du monde politique, de l'univers associatif, partout où il est possible d'inventer une nouvelle façon d'agir. Ils peuvent être économistes, philosophes, artistes, artisans ou dirigeants d'entreprise. La figure n° 4 – présentée en fin du chapitre 3 – devient, une fois complétée :

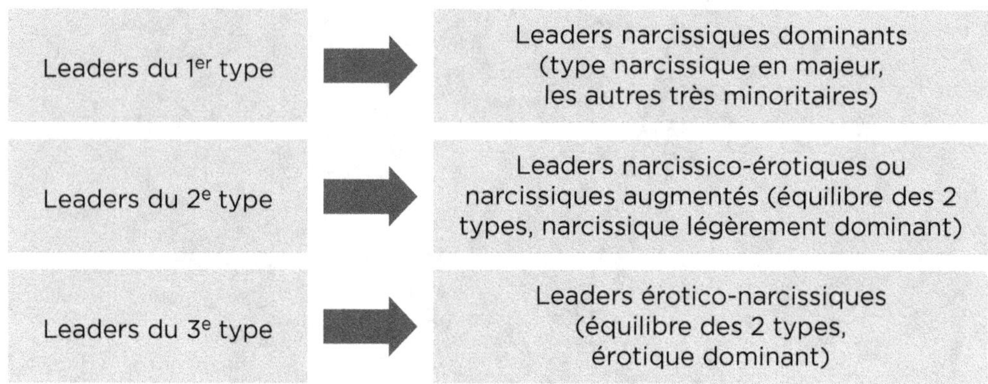

Figure n° 5 – Les trois types de leadership

L'obligation de se réinventer

La figure n° 5 confirme que les leaders narcissiques dominants peuvent évoluer vers une forme augmentée en développant la partie érotique de leur personnalité – qui reste néanmoins en « mineur ». La bascule entre les deux types se fait cependant en défaveur du narcissisme lorsqu'il est question des leaders du troisième type. Si tout se passe comme nous pouvons le prévoir aujourd'hui, nous allons évoluer durant quelques années avec deux types de « panachage » : des narcissico-érotiques, amenés à disparaître peu à peu, et des érotico-narcissiques, qui devraient constituer la combinaison gagnante pour demain.

Le leader du troisième type représente donc un « mix » de deux types très complémentaires. D'un côté, la fibre narcissique lui apporte une vision stratégique, un sens de l'exécution, du courage, de l'ambition, de la persévérance et une aptitude quasi innée pour convaincre et inspirer les autres. De l'autre, la composante érotique lui permet de s'adapter aux aléas du monde actuel où tout doit être repensé, ce qui suppose de désapprendre certaines compétences – devenues obsolètes – et d'oublier certains réflexes ou attitudes – produits de notre éducation cartésienne – tout en disposant d'une réelle intelligence émotionnelle. En gérant son énergie, le leader du troisième type peut interagir avec l'écosystème de façon plus efficace. Il donne de la perspective à son action, du sens à son engagement. La figure n° 6 ci-après illustre cette évolution.

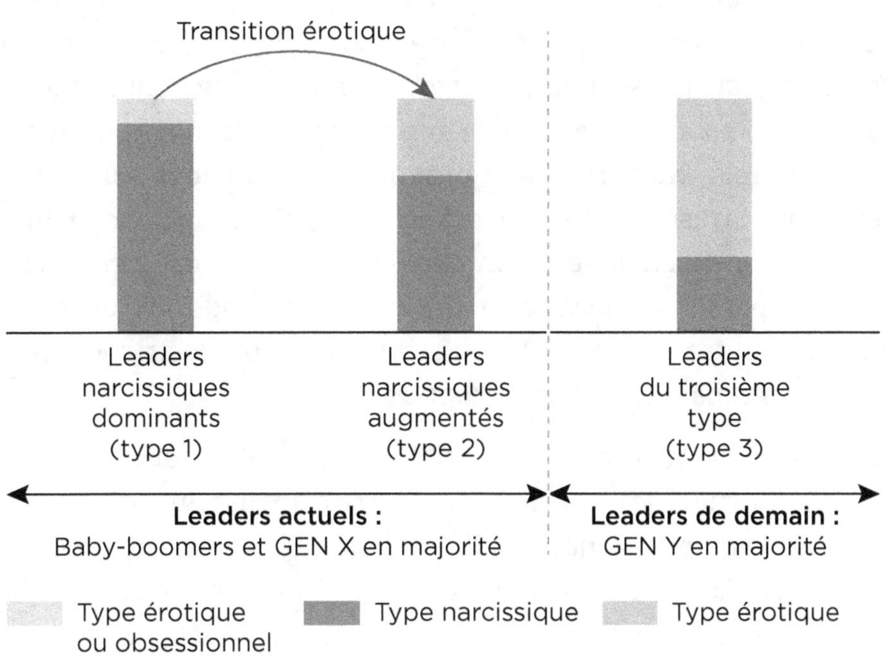

Note : le type obsessionnel devient non significatif avec les leaders des types 2 et 3

**Figure n° 6 – Évolution des leaders actuels et
naissance des leaders du troisième type**

Notons qu'au-delà de changer le monde, ce sont bien les leaders du troisième type – encore appelés révolutionnaires 2.0 – qui vont finalement pousser les dirigeants narcissiques actuellement au pouvoir à se réinventer. Pris à la gorge, ces derniers n'ont du reste pas d'autres choix, sous peine de disparaître en cas d'inaction. Et crier au pillage en qualifiant ces nouveaux entrants de barbares ne va pas changer la situation. En modifiant les règles du jeu, il est vrai qu'ils utilisent parfois à leur avantage les failles d'un système défaillant. La société Uber est ainsi régulièrement mise sur le banc des accusés. Et sur certains points, les attaques sont bien souvent fondées, obligeant les États à intervenir pour corriger certaines aberrations.

Il n'en reste pas moins que certaines innovations – celles que l'on peut qualifier de rupture – vont perdurer et entraîner des secteurs dans de profondes remises en cause. Les rejeter ou les ignorer, c'est refuser de voir le mur érigé devant nous, c'est agir en toute inconscience face à un danger imminent. Il faut au contraire considérer qu'il s'agit là d'une véritable opportunité et tenter d'en tirer un bénéfice. Reconnaissons que l'action de ces nouveaux acteurs s'avère salutaire. En bousculant l'économie classique, ils ne font que la sauver d'elle-même.

Ces révolutionnaires 2.0 ne sont pas des barbares, mais des « disrupteurs ». Ils ne se contentent pas de réinventer le monde en utilisant la puissance digitale, mais réfléchissent différemment, intègrent des données auxquelles personne n'avait songé auparavant et prennent des options inédites, parfois transgressives, provoquant des chocs salutaires. Et qu'est-ce que la disruption si ce n'est cela même ? La meilleure définition que l'on puisse effectivement donner de la disruption est bien celle d'un choc faisant passer un individu ou une entité d'un stade ou d'un environnement à un autre. Ce serait un peu comme un choc électrique – parfois brutal – qui s'apparenterait à une rupture.

L'origine du mot est d'ailleurs édifiante. Venant du latin « *disruptionem*, de *disruptum* » – supin de « *disrumpere* » – il se compose du préfixe « dis- » et du verbe « *rumpere* », qui signifie « rompre ». Le révolutionnaire 2.0 a bien cet objectif en tête : rompre les digues qui protègent – parfois abusivement – des secteurs d'activité entiers ou des monopoles établis.

Mais au fait, si ces révolutionnaires 2.0 – disrupteurs dans l'âme – peuvent émerger de n'importe quelle entité, de n'importe quel secteur, et de tous les métiers, sont-ils pour autant tous issus de la même génération ?

Question de génération ?

Sachant qu'il existe de nombreux décalages entre la perception que nos dirigeants ont du monde actuel et ce qu'il est en train de devenir réellement, nous sommes en droit de nous demander s'il ne s'agirait pas tout simplement d'un problème de génération. De prime abord, on pourrait bien sûr le penser, mais l'analyse serait un peu trop rapide. Nous connaissons tous des dirigeants ou cadres des générations du baby-boom ou X qui se révèlent de véritables pionniers de la transition numérique, ainsi que des GEN Y qui se montrent au contraire totalement réticents au progrès technologique. L'âge ne fait rien à l'affaire. Du moins pas toujours. Tout est question de curiosité en réalité. À 60 ans, on peut avoir la même envie de changer et de bousculer le *statu quo* qu'à 30.

Tout va certainement changer avec les générations suivantes. La génération Z et les suivantes ont en effet toutes les chances de bouleverser l'ordre établi et de définir de nouvelles règles du jeu. Et sur ces dernières, nous risquons d'avoir de belles surprises. Ayant très souvent la chance de pouvoir dialoguer avec des jeunes, j'ai pu constater que leurs centres d'intérêt différaient beaucoup de ceux de leurs aînés. Vous pensez que cela n'a rien d'étonnant, qu'il en a toujours été plus ou moins ainsi. Et vous n'avez pas tort, sauf que cette fois, leur attention se porte sur des aspects moins personnels. Il y a clairement moins d'égoïsme dans leur réflexion. Ils ne pensent pas uniquement à leur carrière, à leur devenir.

Dans les années 1980 et 1990, après des études supérieures, on ne songeait qu'à gravir les échelons un à un, quitte à beaucoup sacrifier à cette course en avant. Les jeunes aujourd'hui s'intéressent à l'environnement, à la justice sociale, aux questions touchant au futur de notre société. Ils ont plus conscience de leur rôle individuel, de la contribution qu'ils peuvent apporter. Ils ne sont plus disposés à sacrifier leur vie privée pour réussir professionnellement. Ce n'est pas tant qu'ils n'ont pas d'ambition, mais ils veulent les deux, une carrière choisie et passionnante — correspondant à un choix de vie — et une vie familiale et personnelle épanouie. Comme cette génération de Mai 68, ils ne semblent pas disposés à tout accepter. Le roi dollar aura du mal à leur faire plier les genoux. Peu à peu, nous voyons bien que se dessinent de nouveaux contours, une nouvelle façon d'appréhender l'ordre des choses. La révolution digitale — que nous avons déjà largement commentée — n'y est pas pour rien. Elle permet de transfigurer le monde actuel en ouvrant de nouveaux espaces, des zones de créativité qui semblent infinies. Tous les jours, nous découvrons de nouvelles applications ou de nouveaux services propres à modifier un pan de notre vie.

Pour illustrer mes propos, j'évoquerai une anecdote. Il y a quelque temps, nous avons reçu avec mon épouse des amis à dîner à la maison. L'un des couples formait une famille recomposée, assez typique du reste, deux enfants chacun d'un précédent mariage et une petite fille de deux ans et demi en commun. Cette gamine à la langue bien pendue accompagnait ses parents, faute de baby-sitter. Elle nous a rapidement fait la démonstration de son aisance verbale. Pour son âge, c'était tout à fait stupéfiant. Comme il fallait l'occuper le temps du dîner, sa mère l'a installée devant l'écran cinéma et entrepris de choisir avec elle un dessin animé. Très vite — un zeste impatiente — la gamine s'est saisie de la télécommande et a fait défiler les vidéos disponibles avec une dextérité déconcertante, finissant par jeter son dévolu sur une production Walt Disney, sans lâcher sa tablette, apportée pour tromper l'ennui. Alors que nous étions à table, j'ai observé de temps à autre notre jeune invitée pour constater qu'elle alternait entre le dessin animé et sa tablette. Elle regardait le grand écran par intermittence, riant aux éclats, avant de replonger vers l'outil numérique. J'étais subjugué par son agilité. Ses petits doigts allaient et venaient sur l'écran, ouvrant et fermant des fenêtres, faisant glisser des icônes. Ce jour-là, j'ai compris que nous n'en étions encore qu'aux toutes premières étapes de la révolution digitale.

Figures de la révolution 2.0

Positionner un leader sur la grille évoquée précédemment s'avère difficile. S'agit-il d'un narcissique dominant, d'un narcissique augmenté ou d'un leader du troisième type ? C'est presque impossible à déterminer sans bien connaître la personne.

Les « zooms arrière » nous ont permis de découvrir le profil de quelques personnages historiques et d'en tirer quelques conclusions. Jules César était indéniablement un narcissique dominant, ainsi que productif, par opposition au narcissisme destructif. À la fois génial et inquiétant, cet homme dont l'ambition était sans limite était centré sur lui-même et sûr de son destin. Robespierre était également très narcissique, mais largement nuancé du type obsessionnel. Il suffit de lire une biographie du révolutionnaire – ou les pages de cet ouvrage qui lui sont consacrées – pour percevoir son côté méticuleux et son sens du détail. Cet homme engagé était donc un narcissico-obsessionnel. Un narcissique « augmenté » d'une certaine façon, mais pas avec la caractéristique que nous considérons comme la plus prometteuse pour le futur. Nous avons aussi découvert deux personnages se rapprochant davantage du modèle de leadership du troisième type : Alexandre le Grand en premier lieu, empereur conquérant en avance sur son temps, et plus proche de nous, Howard Schultz, fondateur de Starbucks, qui fut pour moi une très belle découverte.

Elon Musk

Le 22 février 2016, le journaliste Benoît Georges a dressé un portrait du trépidant créateur Elon Musk[1]. Dans la biographie qui lui est consacrée par Ashlee Vance, il est présenté comme l'entrepreneur qui va changer le monde[2]. Fondateur de PayPal, Tesla Motors et SpaceX, l'homme a en effet tout du superhéros. Très audacieux, il a grandi en Afrique du Sud, un pays difficile et trop petit pour lui permettre de se réaliser. Parti au Canada très jeune, il a rejoint ensuite la Silicon Valley aux débuts du Web. Après avoir revendu sa première start-up au fabricant d'ordinateurs Compaq, il a créé une banque sur Internet, qui deviendra PayPal, revendue à eBay.

---

1   « Portrait d'Elon Musk en super-héros », *lesEchos.fr*, 22 février 2016.
2   Vance, A., *Elon Musk*, Eyrolles, 2016.

Une fois sa fortune faite, il aurait pu s'arrêter et devenir, comme le dit Ashlee Vance, un « *investisseur très courtisé* », mais l'homme, un passionné, aime se lancer des défis et n'hésite pas à se mettre en danger pour réaliser ses rêves. Il a ainsi décidé en 2001 d'investir toute sa fortune pour coloniser Mars, fabriquer des fusées et s'imposer comme le concurrent de la Nasa ! Rien que ça ! Et même si cela peut paraître fou, quelques années plus tard, « *SpaceX [lançait] ses fusées au rythme d'une par mois* »[1]. Il a gagné au moins un pari : relancer la conquête spatiale ! Il a accompli cela tout en créant et en dirigeant le premier fabricant de véhicules automobiles électriques. Tesla est devenue une marque omniprésente dans le paysage économique mondial, conférant à son créateur une notoriété mondiale.

Travaillant sans relâche, Elon Musk sait se battre pour des causes auxquelles il croit, comme l'énergie solaire. Derrière cette description idyllique se trouve aussi l'homme exigeant. Il l'est avec lui-même comme avec les autres. Il recrute les meilleurs, les inspire et attend d'eux un engagement total, au point de sombrer par moments — selon l'article cité plus haut — dans le harcèlement ou l'insulte. Il y aurait donc un côté obscur dans sa personnalité qui refuse qu'on le déçoive et qui tendrait à nous rappeler celle d'un Jules César ou d'un Robespierre. Il est fort probable qu'il s'agisse en fait d'un narcissique augmenté.

Mark Zuckerberg

Très proche du profil que nous recherchons se trouve celui du fondateur de Facebook[2], Mark Zuckerberg. Informaticien génial, il a créé en 2004 le site de réseautage avec des camarades de l'université d'Harvard. Cependant l'homme ne se contente pas d'être un fabuleux entrepreneur — celui que le monde entier connaît. C'est aussi un véritable bienfaiteur. Il a ainsi versé la somme de 999,2 millions de dollars à la fondation Silicon Valley Community Foundation, ce qui en a fait en 2013 l'un des cinquante donateurs américains les plus généreux. En décembre 2015, il a annoncé dans une lettre adressée à sa fille Maxima, qui venait de naître, son intention de donner 99 % de ses actions à des œuvres caritatives *via* la création d'une fondation, la Chen Zuckerberg Initiative. Il a écrit ainsi[3] : « *Pendant que les gros titres annoncent surtout les mauvaises nouvelles, de bien des*

---

1 « Portrait d'Elon Musk en super-héros », *op. cit.*
2 Facebook est un réseau social sur Internet permettant à toute personne possédant un compte de créer son profil et d'y publier des informations (Wikipédia).
3 Publiée et traduite dans *Le Figaro.fr Madame* le 2 décembre 2015.

manières, le monde progresse. La santé s'améliore. La pauvreté diminue. La connaissance augmente. Les gens échangent. La technologie dans chaque domaine progresse et cela signifie que ta vie sera bien meilleure que la nôtre aujourd'hui. Nous allons contribuer à ce que cela arrive, pas seulement parce que nous t'aimons, mais aussi parce que nous avons un devoir moral envers tous les enfants de la génération future. Nous croyons que chaque vie a la même valeur, y compris celle des générations à venir, qui seront bien plus nombreuses qu'aujourd'hui. Notre société a l'obligation d'investir maintenant pour améliorer la vie de ceux qui vont naître demain, et pas seulement celle de ceux qui sont déjà là. »

Tout comme Warren Buffett ou Bill Gates — s'il fallait une preuve que l'âge n'est pas un facteur bloquant —, Mark Zuckerberg veut agir pour modifier le cours des choses et faire en sorte que le monde de demain aille de mieux en mieux. Il est sans aucun doute un leader du troisième type, un profil « érotico-narcissique » — avec une part érotique probablement très forte —, un leader qui dépasse ses intérêts personnels pour contribuer à l'avancée de l'humanité.

Des contributions très différentes

De nombreux leaders du troisième type sont déjà là — en action — au sein de grandes entreprises, dans de plus petites structures, dans des universités, des hôpitaux, des écoles, des administrations, des gouvernements, partout où l'on peut insuffler un vent nouveau, où l'humanité est susceptible de progresser pour le bien de tous. Ils ne sont pas forcément riches, mais s'avèrent tous porteurs d'espoir et de rêves. Aucun d'eux n'est prêt à abdiquer ses désirs les plus fous pour de mauvaises raisons. Gardant en eux un zeste de narcissisme — l'une des clés du succès —, ils s'en éloignent suffisamment pour garder le cap en toutes circonstances et rester à distance des lumières de la gloriole éphémère. Ils veulent tout simplement donner un sens à leur vie et se consacrer à des causes qui leur importent vraiment.

Bien sûr, certains diront qu'ils agissent ainsi pour laisser une trace de leur passage sur Terre, que c'est là encore une manifestation narcissique de leur personnalité, une volonté de briller et de se mettre en avant, non pas uniquement face à leurs contemporains, mais face à l'éternité. Dans tous les cas, quelle importance cela peut-il avoir si au passage leurs actions permettent de lutter contre la faim dans le monde, d'éradiquer une partie de la pauvreté et de la maladie, de promouvoir l'égalité des chances ou de se battre pour la sauvegarde de la planète ? La contribution de ces leaders peut être très différente. Forts de leur richesse matérielle, Mark Zuckerberg et Bill Gates choisissent de le faire à travers une fondation. Pour sa part, un écrivain le fera sous la forme d'un livre, un professeur par le biais de la transmission. Chacun peut agir à son niveau, avec ses propres moyens.

Leaders du troisième type en action

À présent que nous savons un peu plus qui sont les leaders du troisième type, demandons-nous ce qu'ils peuvent vraiment changer. Ma réponse instinctive serait : tout ! Non seulement je suis persuadé qu'ils en ont la capacité, mais je sens bien qu'ils vont le faire. En réalité, ils sont déjà au travail. Mais leur réussite ne se fera pas à n'importe quel prix. Un peu comme Howard Schultz qui, pour sauver son entreprise, n'était pas pour autant prêt à vendre son âme.

Issus d'horizons différents, ces leaders du troisième type vont s'attaquer à tous les pans d'activité pour les remettre en cause, « challenger » les suprématies et imposer leurs conditions. Avec un défi à la clé : délivrer une valeur ajoutée supérieure à de meilleures conditions économiques. Certains ne verront en eux que des individus âpres au gain, des leaders propulsés par la seule volonté d'enrichissement ; d'autres les penseront obsédés par

leur image, par leur *ego* en quelque sorte. Avec les générations de leaders narcissiques purs qui nous ont gouverné au cours de ces dernières décennies, comment imaginer que leurs successeurs puissent ne pas causer les mêmes turpitudes ? Et pourtant, mêmes s'ils sont ambitieux, même s'ils ont la plupart du temps envie de réussir – y compris financièrement –, leur but va bien souvent au-delà du seul objectif de devenir riche. Ils poursuivent en réalité une ligne directrice et veulent autant qu'ils le peuvent **remédier aux désordres du monde actuel**.

Capter l'enjeu du digital

Les leaders du troisième type ont une juste compréhension du monde dans lequel nous vivons. Les relations se sont digitalisées, la désintermédiation est devenue une réalité menaçant la distribution, l'usage prend le pas sur la possession – on consomme différemment du reste – et les technologies connectées envahissent notre vie quotidienne. Le monde est en réalité devenu un ensemble de flux. Ce changement drastique « percute » notre façon même de vivre. Tout devient « à la demande » : la musique, les films, la culture, la connaissance. Tout est en mode de consommation immédiate, en *streaming*. Nous n'en sommes qu'au début, dans une phase intermédiaire, une transition.

Les limites de l'impossible

En 2012, la société américaine Domo – spécialisée notamment dans la « business intelligence » – a publié une édifiante infographie intitulée « Data never sleeps 2.0 », dont la vocation était de mesurer la quantité de données créée sur Internet et les « Web services ». Mise à jour chaque année, en voici un aperçu sur la base des données de 2014 : toutes les soixante secondes, deux cent quatre millions d'e-mails sont envoyés, Google reçoit plus de quatre millions de requêtes, les utilisateurs Facebook partagent près de deux millions et demi de pièces, près de trois cent cinquante mille photos sont partagées sur WhatsApp, deux cent soixante-dix-sept mille tweets sont échangés, Amazon réalise 83 000 dollars de chiffre d'affaires en ligne, les utilisateurs Apple téléchargent quarante-huit mille applications, le temps de connexion sur Skype représente plus de vingt-trois mille heures et soixante-douze heures de nouvelles vidéos sont téléchargées sur YouTube.

Ces chiffres impressionnants sont à rapprocher du nombre d'internautes, qui a explosé entre 2011 et 2013, progressant de plus de 14 % pour s'établir à 2,4 milliards d'individus. C'est cela même le « *big data* » ! Comme l'affirme le titre de l'étude précitée, les données ne dorment jamais. Des quantités invraisemblables d'informations sont créées sans discontinuer, tel le flot tumultueux d'un torrent. En quelques années, on est passé de l'Internet des objets (« *Internet of Things* ») au tout-Internet (« *Internet of Everything* »). Le cabinet d'études Gartner estime du reste « *qu'il y aura 26 milliards d'objets connectés dans notre environnement à l'horizon de 2020* »[1]. Cette révolution en cours touche tous les segments d'activités, la santé, la domotique, la voiture ou encore le monde du sport. Le mouvement ne semble pas près de s'arrêter au vu de la déferlante d'innovations technologiques de ces dernières années.

Depuis l'avènement du PC dans les années 1980, le progrès technique a été tel qu'il permet à chacun d'accéder à une information riche et illimitée et de se connecter de façon quasi instantanée avec n'importe qui, où qu'il puisse se trouver lui-même. Grâce aux nanotechnologies – et de façon générale à la miniaturisation des composants –, nous concevons des produits de plus en plus petits, de plus en plus performants et de moins en moins gourmands en énergie électrique et calorifique. La recherche médicale en a tiré profit, tout comme les télécommunications, les médias, la création artistique, les transports, les services financiers ou encore le monde de la distribution. C'est en réalité toute l'économie qui en a bénéficié, engendrant des ruptures sectorielles, de nouvelles façons de conduire les affaires ou de nouveaux modèles d'accès aux marchés. Notre capacité à innover semble illimitée. Nous repoussons sans cesse les limites de l'impossible.

Ces changements ne sont pourtant pas sans danger et l'exemple des réseaux sociaux est à cet égard édifiant. Aujourd'hui, on est connecté *via* Facebook à de nombreuses personnes – des relations virtuelles –, parfois même à des inconnus à qui l'on peut confier incidemment des informations très confidentielles, dont on ne parlerait pas à nos meilleurs amis ! C'est un peu comme si nous ne devions rien redouter d'Internet. Et pourtant, la cybercriminalité n'a jamais été aussi virulente. Il convient donc de redoubler de vigilance, la protection des données personnelles étant devenue d'une sensibilité particulière depuis l'affaire Snowden[2].

---

1 Article mis en ligne sur *LesEchos.fr* le 18 mars 2014.
2 Edward Snowden, ex-consultant de la CIA et de la NSA, a révélé en juin 2013 l'existence de plusieurs programmes de surveillance de masse américains et britanniques, en accédant à des données personnelles sur le Web.

Les enjeux de la digitalisation de l'économie

Avec l'avènement de l'Internet, tout s'est accéléré : on communique plus vite, on trouve l'information recherchée dans des délais plus courts, on réalise des transactions commerciales ou financières en quelques clics. On partage un contenu plus rapidement. Tout est diffusé instantanément. Notre vie en tant qu'individu s'est métamorphosée. Que ferions-nous aujourd'hui sans téléphone ou ordinateur portable ? Dans l'entreprise, l'évolution a également été très rapide. Grâce à l'émergence des nouvelles technologies, nous avons basculé dans l'ère de l'informatique à la demande. Flexible, elle colle davantage à l'évolution de l'entreprise. Le « *cloud computing* »[1] a définitivement convaincu les dirigeants d'entreprise que les systèmes d'information pouvaient leur permettre de se démarquer de la concurrence par la génération d'avantages compétitifs.

Demain, nous n'achèterons plus des ordinateurs et des logiciels, mais des services[2]. Nous utiliserons et paierons l'énergie informatique réellement utilisée, comme nous le faisons avec l'électricité ou le gaz. Gageons que ces nouvelles approches vont profondément changer les règles du jeu et que les entreprises n'auront pas d'autre choix que de s'y adapter. **Les leaders du troisième type connaissent parfaitement les enjeux attachés à la digitalisation de l'économie et de la société tout entière**. C'est parce qu'ils ont cette conscience qu'ils peuvent en appréhender toutes les possibilités. C'est aussi pour cela qu'ils en connaissent les limites, celles qui nous taraudent quand nous nous demandons parfois si nous n'allons pas trop loin.

Un certain sens de la responsabilité

Un autre domaine concerne au plus haut point les leaders du troisième type : la RSE[3]. Pour eux, il ne s'agit pas uniquement d'un « *concept dans lequel les entreprises intègrent les préoccupations sociales, environnementales et économiques au sein de leurs activités et dans leurs interactions avec leurs parties prenantes sur une base volontaire* »[4]. Ce n'est pas non plus le document qu'il convient de renseigner et de publier une fois

---

1 On parle aussi d'informatique dans le nuage. Selon le NIST (National Institute of Standards and Technology), le « *cloud computing* » permet d'accéder, *via* le réseau, à la demande et en libre-service, à des ressources informatiques virtualisées et mutualisées.
2 On parle de catalogue de services.
3 Responsabilité Sociétale de l'Entreprise (RSE).
4 Selon la Commission européenne : « Promoting a European Framework for Corporate Social Responsibility, Commission Green Paper », 2001.

par an pour se donner bonne conscience et remplir ses obligations légales. C'est d'abord un engagement, la volonté de définir les responsabilités des sociétés vis-à-vis de leur environnement direct tout en gardant à l'esprit la philosophie développée par René Dubos : « *Penser global, agir local* »[1].

Si le sigle RSE apparaît dans les années 1950 – suite aux travaux de Bowen[2] et de Goyder[3] –, il semble bien que son origine soit plus ancienne, certains considérant que la doctrine sociale du Pape Léon XIII – plus précisément l'encyclique *Rerum Novarum* (1891) – fut la première source d'inspiration. La RSE rappelle aux dirigeants qu'une entreprise constitue un tout, que leurs actions produisent un impact sur la société tout entière et qu'ils ne peuvent se contenter de courir après la seule maximisation des profits. Convaincu de cela, j'ai écrit dans mon blog dès le mois de décembre 2011 un post intitulé les « Indicateurs Sociaux Fondamentaux »[4]. **Pour les révolutionnaires 2.0, la RSE n'est donc pas juste une posture**, ni une contrainte imposée aux entreprises.

Elle correspond à une conviction profonde qui s'inscrit dans le cadre d'une redéfinition globale de l'entreprise et de ses relations avec la société civile et les instances politiques. Finance éthique, commerce équitable, développement durable se trouvent au cœur des problématiques de cette nouvelle génération de dirigeants, qui poursuit l'objectif de définir un nouveau pacte avec les actionnaires, un nouveau contrat social, des investissements socialement plus responsables, un cadre différent où l'enjeu s'avère aussi collectif. On porte plus que jamais en bannière le slogan « *doing well by doing good* »[5]. Le trimestre suivant ne peut être le seul horizon. Meg Whitman, présidente de Hewlett-Packard Enterprise, a déjoué les attentes des marchés en leur dévoilant en 2012 un plan de transformation sur cinq ans pour le groupe HP qu'elle dirigeait à l'époque, alors que les analystes attendaient comme toujours des résultats plus immédiats[6]. Cependant, le propre d'un grand leader est de projeter l'entreprise dans le long terme et de construire pour durer.

---

1 Agronome, biologiste et écologue français (1901-1982), René Dubos est à l'origine de ce slogan devenu célèbre depuis et du Programme des Nations unies pour l'environnement.
2 Howard Rothmann Bowen (1908-1989), économiste américain et président d'universités.
3 George Armin Goyder (1908-1997), homme d'affaires, philosophe et auteur.
4 http://geraldkarsenti.blogspot.fr/2011/12/les-indicateurs-sociaux-fondamentaux-ou.html
5 « Faire bien en faisant le bien ». Certains attribuent la genèse de ce slogan à Benjamin Franklin.
6 Worthen, B., « H-P at beginning of multi-year transformation », *Wall Street Journal*, 23 février 2012.

Déconstruction des organisations pour les rendre plus agiles

Une organisation constitue un ensemble structuré, suivant une logique qui lui est propre, en vue d'atteindre un objectif donné. Son efficacité n'est généralement pas liée à sa taille, à sa spécialité ou à son secteur d'intervention, mais plutôt à la manière dont elle coordonne ses activités. On distingue généralement « l'efficacité statique », qui renvoie à la stratégie d'allocation des ressources – c'est-à-dire à la façon dont l'organisation va utiliser les ressources dont elle dispose pour atteindre ses objectifs – et « l'efficacité dynamique », qui traite de la capacité d'un système à s'engager dans le développement de nouvelles activités ou dans la production de nouvelles ressources. La première forme s'avère optimale lorsqu'il s'agit d'adapter un niveau de production aux aléas de la demande tout en minimisant les coûts. La seconde est à retenir lorsqu'il faut innover de manière dynamique.

Ces deux formes d'efficacité correspondent respectivement à deux systèmes de management bien distincts, l'un dit mécaniste, l'autre organique. Nous connaissons bien le système de management « mécaniste ». Il a longtemps dominé nos économies – de l'après-guerre jusqu'à l'avènement d'Internet – et perdure encore dans de très nombreuses firmes. Dans ce modèle, l'efficacité repose sur deux principes simples : une structure hiérarchique et des pouvoirs centralisés. Le système de management dit « organique », lui, s'intéresse davantage aux clients et repose sur une structure en réseau où chaque élément fonctionne indépendamment des autres. Les tâches sont sans cesse redéfinies. Le pouvoir est décentralisé, permettant une meilleure adaptation des offres aux attentes des marchés. Les agents peuvent agir avec plus d'autonomie, car ils détiennent un pouvoir en propre.

Dans un environnement stable – et parce qu'il réduit les aléas et les incertitudes –, le modèle mécaniste apparaît le plus adapté, ce qui explique sa relative longévité et son succès auprès des actionnaires. Il devient inversement inopérant dans un contexte plus instable. À l'inverse, le système organique prend tout son sens lorsque l'imprévisible côtoie le doute et la peur du lendemain. La réduction des niveaux hiérarchiques permet d'accélérer les processus de décision, de simplifier les chaînes de commandement et de libérer les processus créatifs.

En passant en quelques décennies d'un modèle mécaniste – parfaitement maîtrisé – à une approche organique – plus aléatoire par nature –, il a fallu réinventer un nouveau mode de contrôle. Vouloir répartir les pouvoirs au sein d'une organisation est une chose, en contrôler l'exercice en est une autre ! C'est ainsi qu'est né le concept de la gouvernance. Ce dernier s'est tout bonnement substitué au modèle hiérarchique où rien n'échappait à la vigilance d'un management centralisé.

Pourtant, alors que notre société connaît des soubresauts très violents, François Dupuy[1] nous dit que les élites semblent renoncer à leur rôle de « courroie de transmission » de la direction et des actionnaires vers les salariés. Au fil du temps, elles se seraient mises à douter des bienfaits du nouvel ordre économique et des intentions de ceux qui détiennent le capital. On en revient à ces questions lancinantes : où se situe le sens dans tout ce que nous faisons ? Doit-on continuer à agir systématiquement dans l'urgence ? Ne doit-on pas arrêter de courir après des résultats de court terme ? Face à cette turbulence et au mal-être qui en ressort parfois, la solution se dessine peu à peu sous nos yeux. Il ne s'agit pas de remettre en cause les fondamentaux du modèle capitaliste, mais de l'adapter aux défis actuels.

Les leaders du troisième type devront encore faire face à de nouvelles exigences :

> décloisonner les entreprises, organisées en silos indépendants ;

> mettre en place une dynamique collaborative dans l'entreprise ou l'unité concernée ;

> libérer les énergies pour « booster » la créativité ;

> rechercher des talents éclectiques (la complémentarité plutôt que la similitude).

Au final, il leur faut bâtir une société humaine, responsable, durable, agile, réactive, forte de valeurs partagées et d'une culture reconnue de tous. Dans cette perspective, les réseaux sociaux, la collaboration et le partage vont jouer un rôle crucial pour le bien-être de tous.

Construction d'un nouveau modèle

Les leaders du troisième type ont compris que le modèle capitaliste actuel se trouvait dans une impasse et qu'il convenait de le faire évoluer pour assurer la croissance des générations à venir. Pour cela, ils peuvent

---

1   Ancien chercheur au CNRS, professeur affilié dans des universités américaines et européennes, notamment l'INSEAD. À lire : *La faillite de la pensée managériale*, Seuil, 2015.

s'inspirer de la réflexion de certains stratèges. L'un d'eux s'appelle Michael Porter. Bien connu des étudiants en école de management et en université de gestion, le professeur de la Harvard Business School a innové de nouveau en lançant un nouveau concept, celui de la valeur partagée ou de la « *shared value* »[1]. Il a dressé pour l'entreprise un constat déjà évoqué au niveau de l'individu. Selon lui, le modèle actuel est en crise et les entreprises agissent souvent en entités égoïstes, dépourvues du sens de la solidarité. Elles cherchent à prospérer coûte que coûte, au détriment bien souvent de leur écosystème immédiat, ou du moins sans lui restituer une certaine valeur en contrepartie de ce qu'elles en tirent. D'après lui, la RSE n'a rien arrangé à l'affaire. Bien au contraire, les entreprises sont souvent accusées de tous les maux, de tous les échecs, forçant de façon paradoxale les gouvernements à écouter les ONG en leur concédant bien souvent des compromis qui, au final, s'avèrent très préjudiciables à l'économie tout entière. Voilà un cercle vicieux dont il faut très vite sortir.

Comme Michael Porter, nous pensons que « *le capitalisme est un moyen inégalé de répondre aux besoins des hommes, d'augmenter l'efficacité, de créer des emplois et de construire la richesse* »[2]. Les entreprises génèrent par leurs actions des « externalités négatives » sur l'environnement. Il s'agit par exemple de pollutions diverses, de gaspillages de ressources, de maladies professionnelles ou d'accidents du travail. Il convient de tout faire pour s'en prémunir. Mais comment ? En se fixant dans la ou les régions où l'entreprise évolue des objectifs en faveur des populations voisines de ses établissements. Cela peut concerner des domaines aussi variés que l'éducation, la santé, la protection de la nature ou encore le développement artistique.

Pour Michael Porter, agissant ainsi, les entreprises peuvent espérer regagner une légitimité tout en prospérant : « *Les entreprises peuvent créer de la valeur économique en créant de la valeur sociétale.* » Au final, c'est plus d'activités et donc plus d'emplois dans les régions concernées. Pour ce faire, Porter propose la création d'une organisation en « *cluster* », qui a fait la prospérité de certaines régions en Italie. La France en a également bénéficié par le biais des pôles de compétitivité. Des entreprises agissant dans des secteurs différents, parfois connexes, peuvent ainsi s'associer pour le bien des écosystèmes locaux, sous la forme d'alliances, de sous-traitance ou

---

1 Porter, M. Kramer, M. R., « Creating shared value », *Harvard Business Review*, janvier-février 2011.
2 *Ibid.*

d'autres formes de relations. Elles collaborent alors avec des laboratoires publics ou des universités et développent des projets à forte valeur ajoutée, bénéfiques pour le tissu local.

Au-delà de ces modèles très encourageants, nous avons bien compris que le digital permettait indiscutablement d'organiser de nouvelles formes de communication et d'échanges. Il ouvre la voie de l'économie du partage ou collaborative, débarrassée des fardeaux technologiques, puisque l'on peut désormais tout envisager. Ainsi, les plateformes collaboratives ont permis l'émergence de concepts inédits et inimaginables jusque-là, comme Uber, Airbnb ou Booking.com. Pourvus de profils plus équilibrés, les leaders du troisième type sont plus à même de percevoir le potentiel offert par ces nouvelles approches.

Bâtir les fondations d'une entreprise collaborative, c'est vouloir s'affranchir des divergences d'intérêts qui nuisent à la collaboration et à l'esprit d'équipe. C'est aussi vouloir casser les modèles organisationnels complexes qui nuisent à la créativité. Une approche agile permet de gagner en clairvoyance et de ne pas laisser passer des opportunités de croissance.

Pour avancer en ce sens, **les leaders du troisième type misent sur l'humain**. Car au final, ce sont encore des femmes et des hommes qui créent les différences.

Une certaine vision de l'humain

Équilibrés dans leur profil, les leaders du troisième type ne souhaitent pas se dupliquer. Contrairement aux narcissiques dominants, éperdument amoureux de leur propre personne au point de ne vouloir que des copies d'eux-mêmes autour d'eux, ils ambitionnent au contraire de développer des profils complémentaires, propres à construire une équipe équilibrée et performante. Ils regardent donc en dehors de leur sphère directe et fuient les sacro-saints réseaux d'écoles, ainsi que les clubs et cercles très fermés où par essence, on ne peut rencontrer que des individus qui nous ressemblent. Le dicton « qui se ressemble s'assemble » a certainement fait long feu. Aujourd'hui, place est plutôt à la découverte de nouveaux talents, différents. On s'intéresse déjà à une population qui ne retenait pas l'attention jusque-là : les développeurs. Imaginez un jeune adulte de 18 ans – à peine titulaire du baccalauréat – qui aurait dit à ses parents il y a dix ans que son rêve dans la vie était de devenir un « codeur ». Cela aurait indéniablement jeté un froid. Aujourd'hui, se lancer dans ce métier et passer par l'école 42[1] est devenu un *must*. Or les entreprises doivent s'attacher les services des meilleurs pour développer leur stratégie digitale.

La **diversité** sous toutes ses formes constitue également un facteur de différenciation et de compétitivité. Le multiculturalisme existe dans la société, il doit également être présent dans l'entreprise. C'est la meilleure garantie de ne pas passer à côté d'un grand changement ni de rater les évolutions du marché. Chaque communauté a des spécificités qui lui sont propres. Ce n'est pas nouveau, mais depuis la naissance d'Internet, elles sont plus visibles. Du moins ne peuvent-elles plus être ignorées. Les capter, c'est l'assurance de répondre à une demande large. Vouloir agir de façon mondialisée oblige en quelque sorte à l'intégration culturelle. C'est par ailleurs une façon évidente d'adhérer à la notion de valeur partagée que nous venons d'évoquer. Nos propos ne sont pas compris de la même façon en Inde, au Japon, en Italie, au Brésil ou aux États-Unis. La culture et les traditions se mêlent à l'affaire et rendent la transcription à l'individu local plus complexe qu'on ne pourrait le penser initialement. Ce qui peut paraître exceptionnel à un Américain peut être perçu comme une offense par un Japonais. En se diversifiant de la sorte, l'entreprise devient une véritable société internationale.

Elle sera d'autant plus forte qu'elle saura tirer le meilleur parti des générations évoluant en son sein. Les leaders du troisième type ont compris cela et sont conscients de l'avantage du **mix générationnel**. Les jeunes générations apportent créativité et connaissance digitale, les plus anciens l'expérience du vécu. Des savoir-faire qui – assemblés – permettent de créer une véritable différence, tout comme la **mixité** entre les deux genres. Atteindre la parité entre femmes et hommes au sein des entreprises et de la société en général ne devrait plus être un sujet de débat mais une évidence. Nous prenons même le parti de penser que les femmes joueront un rôle très particulier avec l'avènement des leaders du troisième type. Nous le verrons en fin d'ouvrage.

---

1 École française d'informatique privée créée notamment par Xavier Niel, le fondateur d'Iliad-Free. Elle dispense une formation dans les domaines du développement et de la programmation.

■■■■■■ Leader du troisième type : le meilleur des deux mondes

Le leader du troisième type s'appuie donc sur le meilleur du narcissique (le chapitre 2 a montré ses multiples qualités) pour y ajouter le type érotique comme facteur de progression, renforcé ainsi par une intelligence émotionnelle très développée. Nous sommes convaincus que cela fera de lui un leader différent et plus adapté aux challenges actuels. Quelles qualités (ou facteurs) conviendrait-il de développer — en complément de celles d'un narcissique productif — pour obtenir potentiellement le leader que nous recherchons ?

LES QUALITÉS NÉCESSAIRES

Nous les avons classées en sept catégories :

Une approche créative : plus que jamais, le leader doit créer un environnement propice à l'innovation, en misant sur l'intelligence émotionnelle et la curiosité au détriment d'une hyperrationalité.

Une exemplarité irréprochable : le leader doit être source d'inspiration et valeur d'exemple pour les autres.

Une certaine dose d'humilité : le leader doit être accessible, empathique, à l'écoute des autres, ouvert, et accepter qu'il ne peut réussir seul.

Un véritable esprit collaboratif : dans le monde d'aujourd'hui où les modèles organisationnels cloisonnent les unités opérationnelles et isolent les individus, la force du leader est de parvenir à créer une véritable cohésion.

Une capacité à déléguer : face à la complexité et à l'imprévisibilité actuelles, déléguer — c'est-à-dire faire confiance — est un impératif. Savoir s'entourer est clé.

Une aptitude à donner du sens : répondre à la question du « pourquoi » n'est jamais simple. Les raisons qui nous ont poussés un jour à nous engager ne sont parfois plus très claires. Et pourtant, elles conditionnent notre motivation, notre bien-être et notre bonheur.

Une démarche centrée sur les clients et l'humain : une entreprise qui se préoccupe vraiment du bien-être de ses salariés a toutes les chances de satisfaire également son marché et ses clients. Le capital humain doit se trouver ou revenir au cœur de toute organisation.

Ces qualités s'ajoutent donc à celles que l'on retrouve habituellement chez les narcissiques productifs et qui constituent en quelque sorte le socle de base, c'est-à-dire la vision, le courage, la capacité de faire ou la persévérance. Le leader ainsi constitué serait dès lors plus à même de répondre aux défis qui lui font face. Pour mieux le cerner encore, nous allons à présent détailler trois des sept qualités citées plus haut :

> la capacité de donner du sens aux actes ;

> la force de l'humilité ;

> l'importance de la créativité.

Leader pur sens

Le monde d'aujourd'hui ne fait plus rêver. Trop de crimes, de guerres, d'actes de terrorisme. Trop de morts innocents. Trop d'égoïsme. La plupart des leaders politiques pensent d'abord à leur élection puis à leur réélection et les dirigeants d'entreprise n'ont bien souvent pour horizon que le trimestre suivant ou la maximisation des profits. Il ne faut blâmer personne, à part le système lui-même qui conduit la vaste majorité des leaders en place à faire ce que l'on attend d'eux. S'ils divergent, ils sont simplement remplacés. Faut-il pour autant abdiquer ? N'est-ce pas justement le propre du leader de définir de nouvelles routes ? De nouvelles façons de faire ? N'est-ce pas au leader de refuser les diktats qui lui sont imposés ? N'est-ce pas à lui de se rebeller face à la stupidité de certains actes ou de certains comportements ?

Dans ce monde téléguidé, il y aurait pourtant de bonnes raisons d'espérer. Grâce au progrès technique, nous vivons plus vieux, en meilleure santé, nous pouvons traverser le monde en quelques heures et nous distraire à souhait. Le bilan devrait être vu comme positif. Nous devrions, nous autres Occidentaux — là où la qualité de vie s'est considérablement améliorée —, être plus heureux. Le sommes-nous vraiment ?

Et le bonheur dans tout ça ?

Sommes-nous devenus fous ?

Novembre 2010. « *Que s'est-il réellement passé pour que nous soyons aujourd'hui dans une telle panade ?* » Ce fut en substance la question posée par un journaliste alors que je participais à une table ronde sur « l'entreprise du futur ». Chacun avait livré son analyse, mais en synthèse, nous avions accablé les marchés financiers. Ils étaient les parfaits boucs émissaires. On oublie pourtant que dans les années 1980, ils avaient avantageusement prolongé les Trente Glorieuses. Ils n'étaient certes pas la seule raison expliquant le rebond — le monde avait alors bénéficié de la désintermédiation, de l'adoption du système de changes flottants, du gonflement de la dette publique des pays industrialisés et du choix fait par les États-Unis d'opter pour une retraite par capitalisation –, mais quoi qu'on en pense, sans eux, rien n'aurait été possible. La salle nous avait chaleureusement applaudi et je me souviens m'être dit : « *Quelque chose ne tourne pas rond !* »

Décembre 2013. Trois années avaient filé. Alors que je venais de terminer une interview avec un journaliste d'un grand quotidien parisien, celui-ci me lança d'un air dépité, tout en rangeant son dictaphone dans son sac à dos :

« Je pense que nous sommes devenus fous.

— Ce n'est pas tant que nous avons perdu la tête. Je crois plutôt que notre société ressemble de plus en plus à des montagnes russes. Tout va très vite, on se fait souvent très peur, avec des descentes, des virages dangereux et des loopings périlleux. On s'accroche en ne pensant qu'à une chose : pourvu que cela s'arrête le plus vite possible ! C'est un peu ce qui se passe dans notre réalité économique. On songe en permanence à tous les scénarios catastrophes qui pourraient survenir, on est pris dans un tohu-bohu infernal et on n'a plus le temps de se demander si ce que l'on fait a un sens. Nous sommes les victimes d'un excès de vitesse permanent qui nous empêche de piloter avec discernement.

— Ne serait-ce pas les leaders en poste qui ne seraient plus à la hauteur ?

— Je crois surtout qu'ils ne parviennent plus à comprendre le monde d'aujourd'hui. Jusqu'ici, nous avons formé et préparé des générations de leaders pour évoluer dans un monde cartésien où la logique finit toujours par l'emporter. La maîtrise d'un environnement où prédominent incertitude et imprévisibilité n'a jamais vraiment fait partie du programme. Mais c'est pourtant bien l'environnement dans lequel nous évoluons aujourd'hui ! On nous a appris à nous méfier de nos émotions. Inconsciemment, nous pensons qu'elles sont révélatrices d'une forme de faiblesse. Nous voulons tout mettre en équation ! Avant la guerre, il n'y en avait que pour le bac philo. Les idées dominaient toute autre forme d'intellectualisme. À la Libération, il a fallu reconstruire notre industrie et relancer l'économie. Du coup, l'ingénieur a pris les rênes du pouvoir et les maths sont devenues le critère de sélection principal. Le cortex plutôt que le système limbique, la logique plutôt que les émotions. Un sacré changement en vérité. Les profils de leadership d'avant et d'après-guerre ont radicalement changé. Et avec l'avènement du numérique et des services, nous avons connu un nouveau grand bouleversement en la matière. Il est toujours en cours du reste. Les

sciences humaines ont repris du poil de la bête ! La créativité est en train de devenir le facteur critique. Pour s'en sortir, il faut maintenant disposer de plusieurs formes d'intelligence. Un QI élevé ne suffit pas. C'est juste une condition nécessaire. Mais elle n'est certainement pas suffisante. »

Depuis toujours, des femmes et des hommes surgissent au moment opportun pour donner de nouvelles impulsions et définir un nouveau cadre. Cette fois encore, nous n'échapperons pas à la règle. Les talents dont nous avons besoin vont frapper à la porte. Certains sont déjà sur le palier ! Ils sont aux commandes ou proches du pouvoir. Ils vont changer la donne parce que nous n'avons pas le choix. Ils vont définir le cadre d'une société nouvelle et préparer ceux qui prendront demain les rênes du pouvoir. J'ai poursuivi :

« À force d'avoir voulu préserver notre système actuel, nous avons créé des déséquilibres insurmontables, des déficits que l'on ne pourra sans doute jamais résorber. Les argentiers de ce monde le savent bien. Nous sommes engagés dans une course en avant où freiner n'est plus une option. Et pourtant, il faudra bien que l'on trouve assez vite la pédale ou nous finirons dans le mur ! Le problème actuel est plus de savoir ce dont nous avons vraiment besoin, ce que nous voulons. Dans quel monde voulons-nous vivre ? On pourra alors définir les contours de l'entreprise du futur.

– Nous sommes bel et bien devenus fous ! », avait conclu le journaliste en guise de boutade au moment où l'on se serrait la main.

Tous happy !

Nous ne sommes pas devenus fous bien sûr. Nous ne sommes simplement pas ou plus heureux ! Il suffit d'entrer dans une librairie pour en prendre conscience : les ouvrages sur le bonheur remplissent les présentoirs et les étagères. Le 4 février 2014, *Le Figaro* titrait sur son site Internet : *« Pharrell Williams : Happy contamine le monde »*[1]. Si le tube mondial du chanteur et producteur américain a remporté un tel succès de Paris à Tokyo en passant par Moscou ou Pékin, c'est bien qu'il s'est produit quelque chose de singulier. Une épidémie de joie, comme l'écrit la journaliste du *Figaro* ! Des vidéos et *« lip dub »* amateurs se sont ainsi propagés sur la Toile, en prenant le clip de l'artiste comme référence. Tout cela en quelques semaines. Des groupes de personnes – représentant un cercle d'amis,

---

1 Prieur, É., http://www.lefigaro.fr/musique/2014/02/04/03006-20140204ARTFIG00382-pharrell-williams-happy-contamine-le-monde.php

une entreprise, une ville ou encore une cause – se sont retrouvés dans un décor de la vie quotidienne pour donner leur version du bonheur, dans des chorégraphies plutôt enjouées. Parfois, des individus ont laissé libre cours à leur créativité pendant quelques minutes, « se lâchant » comme on aime à le dire aujourd'hui. C'était leur moment de gloire et le résultat est parfois stupéfiant. Le bonheur revêt une saveur euphorisante. C'est un fantastique catalyseur d'énergie positive.

Pourquoi une telle frénésie ? Nous voulons tous combler le vide grandissant qui est en nous et nous empêche d'être heureux ou du moins d'avoir le sentiment de l'être. Mais du reste, que signifie « être heureux » ? En effet, tout est relatif. Par exemple, nous pensons tous inconsciemment qu'avant, tout était mieux. Prenons l'engouement actuel pour les meubles ou objets « vintage ». Ceux qui en ont les moyens sont prêts à dépenser des fortunes pour acquérir des pièces originales. Pourquoi ? Le design bien sûr... inimitable. C'est aussi l'expression de beaucoup de nostalgie, y compris curieusement chez ceux qui n'ont pas connu cette période ! On célèbre le caractère inventif de ces décennies débridées. La création avait indiscutablement plus de personnalité. Et c'est cela même que l'on cherche à retrouver... Une identité. Notre identité. Une forme d'appartenance mais avec notre signature. Tout cela n'est en réalité qu'une réaction à un monde devenu fade, où tout se lisse, où tout manque cruellement de relief.

L'économie du bien-être

Anticipant cette lame de fond, les économistes se sont très vite penchés sur des branches alternatives aux théories classiques. Ainsi, l'économie du bien-être a-t-elle émergé comme une nouvelle approche. Les premiers travaux sur le sujet ne sont en réalité pas récents[1] et s'inscrivent dans la continuité de la tendance utilitariste développée par Bentham[2], Mill[3] ou encore Jevons[4]. J'ai beaucoup lu Mill lorsque j'étais étudiant. Il est sans doute l'un de ceux qui m'ont le plus inspiré. Ses travaux sont toujours d'une étrange actualité. Qu'ai-je appris ? D'abord qu'on ne peut apprécier une situation économique qu'au regard de l'allocation des ressources disponibles entre agents. Si la distribution est jugée équitable par tous, alors l'équilibre de bien-être peut être atteint. Dans le cas contraire, le peuple gronde ! Ensuite, chaque individu est le seul juge de son bien-être, cherchant à l'améliorer en fonction de critères d'utilité qui lui sont propres[5]. Enfin, le bien-être collectif ne constitue ni plus ni moins que la somme du bien-être des individus composant le groupe.

Qu'en est-il aujourd'hui ? S'il n'est pas facile d'apporter une réponse tranchée, on peut affirmer sans risque d'erreur que nous ne sommes pas près d'effleurer ce que Pareto[6] appelle « le bien-être social optimum » ! C'est parce que nous ne savons plus comment les revenus sont répartis entre les agents que nous éprouvons un sentiment d'injustice, générateur d'une immense frustration. Incapables de définir avec précision nos critères d'utilité individuels, nous peinons à définir toute notion de bien-être.

---

1   On lira en particulier l'ouvrage de l'économiste britannique Arthur Cecil Pigou (1877-1959) *The economics of welfare* (1920), où il développe l'idée qu'en fournissant un travail équivalent, un individu voit son bien-être augmenter s'il consomme plus et/ou s'il dispose de plus de temps de loisir.
2   Jeremy Bentham (1748-1832), philosophe et réformateur britannique.
3   John Stuart Mill (1806-1873), philosophe et économiste britannique. Un des papes de l'utilitarisme.
4   William Stanley Jevons (1835-1882) : économiste britannique, co-fondateur de l'école néoclassique.
5   Cette utilité est normalement mesurable, ce qui constitue un pas vers la quantification du bien-être.
6   Vilfredo Pareto (1848-1923), économiste et scientifique italien.

Alors que faire ? Là encore je me suis inspiré de Mill. Dans sa jeunesse, ce dernier fut victime d'une dépression liée au surmenage. Cet épisode douloureux – si courant de nos jours – le conduisit à repenser à sa vie et à la façon dont il entendait en appréhender les étapes. Son éducation rigoriste et utilitariste lui avait certes permis de développer un certain sens de l'analyse et de la logique, mais elle l'avait aussi isolé de son moi profond, de ce qu'il était vraiment, de ce qu'il éprouvait et ressentait inté-rieurement. Nombreux sont ceux qui éprouvent ce sentiment aujourd'hui, perdus dans les réseaux sociaux, éprouvant de la solitude dans un monde ultra-connecté.

Depuis l'après-guerre, nous avons su former des bataillons d'ingénieurs et d'universitaires et préféré la logique à la créativité. Ce sont des notions quelque peu opposées, des modèles de pensée qui paraissent inconciliables. Et pourtant, c'est là que Mill prend toute sa valeur. Il eut cette vision très avant-gardiste pour l'époque de vouloir concilier la rigueur de la pensée scientifique et une certaine forme d'expression des émotions. En avance sur son temps, il avait compris que l'intelligence analytique n'était pas la panacée et qu'elle devait être associée à d'autres formes, moins quan-tifiables mais tout aussi importantes. Pour ce faire, il s'est émancipé de Bentham et a donné à ses travaux une connotation toute particulière, empreinte d'une « culture des sentiments », qu'il appelait aussi « art de la vie ». Pour lui, réalisation de soi et bonheur collectif ne sont pas des concepts incompatibles. Le projet doit être collectif. Il se méfiait de l'indi-vidualisme qui – exacerbé – peut conduire au pire scénario. Mill prônait une forme d'altruisme, condition du succès. D'une certaine façon, il avait compris avant tout le monde la nature des risques attachés à un narcis-sisme excessif.

L'économie du bonheur

D'inspiration néoclassique, la théorie du bien-être s'intéresse à l'effica-cité d'une économie à allouer ses ressources en vue d'atteindre un certain « optimum social », un bien-être collectif maximal, mais ne permet pas de comprendre et d'expliquer les principaux dysfonctionnements des marchés. Cependant est-ce si important au fond ? N'est-ce pas là une préoc-cupation secondaire ? Ne devrait-on pas plutôt rechercher une certaine forme de bonheur ? Et du reste, l'OCDE, à l'occasion de son cinquantième anniversaire, a annoncé la création d'un index baptisé « *vivre mieux* ». En 2009, une commission – présidée par le « Prix Nobel d'économie » 2001

Joseph Stiglitz – a en effet soumis une proposition visant à améliorer la mesure de la performance économique des nations par d'autres moyens que le traditionnel mais très critiqué « Produit Intérieur Brut » (PIB). L'efficacité d'un programme de santé ou éducatif est ainsi valorisée tout autant que son coût. L'organisation internationale a finalement retenu onze critères, parmi lesquels le logement, le travail, l'éducation, l'environnement, la santé, la sécurité ou encore l'équilibre entre vie privée et vie professionnelle.

L'économie du bonheur surgit alors à point nommé pour replacer l'humain au cœur des politiques et de notre société. Complémentaire de l'économie de marché, elle s'inscrit dans la mouvance de l'utilitarisme. Pourtant, la mesure du bonheur reste complexe. Comment comparer l'état de deux individus ou de deux nations ? Chacun définit en réalité ce qui lui importe de satisfaire le plus, selon la fameuse pyramide de référence de Maslow[1]. De façon générale, on éprouve une sensation de bonheur et le sentiment de mener la vie que l'on souhaite lorsque l'on a le sentiment d'en contrôler le développement. Il est prouvé que le fait de vivre dans un pays libre, d'exercer une activité qui nous passionne et de se savoir en bonne santé constituent les trois raisons majeures pour se sentir heureux. Le roi du Bouthan fut le premier à définir un indicateur de Bonheur National Brut (BNB), en 1972. Critiquée, l'approche constitue cependant une innovation sociétale intéressante et bien sûr très innovante.

Le malaise que nous ressentons est lié à l'ampleur de la mutation que nous vivons. Et comme pour toute phase de transition, l'accouchement s'avère long et laborieux. Cependant, force est de constater que la transformation est inéluctablement engagée. Le leader de demain va naturellement se préoccuper du bonheur de ceux qui le suivent et pour ce faire, il doit en premier lieu redonner du sens à l'engagement de chacun, à l'action collective.

Le pouvoir du sens

Août 1963. Lors du fameux discours « *I have a dream* » de Martin Luther King Jr. au Lincoln Memorial à Washington, D.C. – à la suite de la marche organisée le même jour –, deux cent cinquante mille personnes de toutes les

---

1   Abraham Maslow (1908-1970), psychologue américain qui a défini la hiérarchie des besoins allant des plus basiques aux plus complexes.

ethnies ont vibré à l'unisson. Avec cette allocution enflammée, le pasteur baptiste voulait rassembler toutes les communautés autour de ce rêve de liberté et de paix qu'il clame sur tous les tons. Il voulait faire entendre la voix du peuple noir à travers la sienne pour obtenir droits civiques et égalité. Comment réussit-il la prouesse de réunir autant d'énergie autour de lui ? Était-il le seul Afro-Américain capable de réaliser cette performance ? Le seul à pouvoir communiquer avec autant de brio ? Probablement pas. Et pourtant, cette déclaration est toujours considérée comme l'un des actes les plus marquants de l'histoire humaine, sans doute avec le discours de Gettysburg d'Abraham Lincoln.

Lors de son discours inaugural, le 20 janvier 1961, John F. Kennedy a prononcé cette phrase devenue célèbre depuis : « *Vous qui, comme moi, êtes Américains, ne vous demandez pas ce que votre pays peut faire pour vous, mais demandez-vous ce que vous pouvez faire pour votre pays.* » L'impact du trente-cinquième président des États-Unis fut indéniablement l'un des plus marquants. Quels étaient ses atouts ? Sans doute très proches de ceux d'un autre leader exceptionnel. Lors de sa plaidoirie de défense au procès de Rivonia le 20 avril 1964, Nelson Mandela énonça ces mots qui

marquèrent à jamais l'histoire collective : « *Au cours de ma vie, je me suis consacré à cette lutte des peuples africains. J'ai combattu contre la domination blanche et j'ai combattu contre la domination noire. J'ai chéri l'idéal d'une société libre et démocratique dans laquelle tout le monde vivrait ensemble en harmonie et avec des chances égales. C'est un idéal pour lequel j'espère vivre et que j'espère accomplir. Mais si nécessaire, c'est un idéal pour lequel je suis prêt à mourir.* »

Martin Luther King Jr., Abraham Lincoln, John Fitzgerald Kennedy, Nelson Mandela, des noms illustres, à jamais entrés dans l'histoire de l'humanité. Qu'avaient-ils réellement en commun ? Le courage, l'authenticité, l'engagement, la capacité à voir le futur, de définir une vision. Il ne peut y avoir aucun doute, ils étaient tous dotés de ces attributs et de bien d'autres encore. Cependant, le point de convergence se situait ailleurs. Ces êtres exceptionnels avaient tout simplement **la capacité de donner du sens** aux événements, à leur action et donc à celle des autres. Ils ont apporté en premier lieu une réponse à la question du « pourquoi ». Et il est vrai que nous savons généralement expliquer ce que nous faisons, la façon dont nous le faisons, mais rarement pourquoi nous le faisons. Pourquoi suivons-nous tel dirigeant politique ? Pourquoi avons-nous choisi tel secteur d'activité ou tel métier ?

Le « pourquoi » fait la différence. Il constitue le cœur de tout et donne une raison d'être à nos choix, nous apporte un motif pour avancer et poursuivre nos efforts. Tous les jours, nous agissons et menons à bien des actions, plus ou moins complexes ou importantes, dans un cadre défini. Ces actions qui nous amènent à prendre des décisions, à lancer de nouveaux chantiers, à bouger des frontières, même s'il ne s'agit que de quelques millimètres. Le soir venu, après une journée bien remplie, il nous arrive de nous questionner sur la nature de nos motivations. On s'interroge sur cette énergie qui guide nos pas du matin au soir, cette force invisible qui nous pousse à nous remettre en cause, à aller de l'avant, pour que demain soit mieux qu'hier. La nécessité de gagner sa vie ? Sans doute. C'est à la fois sain et compréhensible.

En réalité, nous avons tous besoin d'œuvrer pour une cause plus noble, un facteur plus mobilisateur, capable de toucher notre corde sensible, celle qui ne demande qu'une occasion pour vibrer à l'unisson, pour donner un véritable sens à notre existence. Un compte en banque apporte certes sérénité et qualité de vie – nous ne prétendrons pas le contraire –, mais rarement l'étincelle dans le regard, cette lueur qui permet à certaines personnes de déplacer des montagnes, de définir de nouveaux paradigmes, en d'autres termes de bousculer le « *statu quo* ». Au final, nous portons presque tous en nous un profond désir d'adhésion et de ralliement. Nous sommes tous à la recherche de nos rêves.

Quand le collectif prend le pas sur l'individualisme, le narcissisme – qui a dominé le monde depuis la nuit des temps, comme nous avons eu l'occasion de le découvrir – cède du terrain – du moins devient-il secondaire – pour laisser place à d'autres personnalités, à d'autres profils, à d'autres qualités. Et c'est sans doute de cela dont nous avons le plus besoin aujourd'hui.

Le modèle Daft Punk ou le triomphe de l'humilité

Je me souviens d'un soir de décembre 2012 où j'animais une session sur le leadership dans un master spécialisé sur le campus d'HEC Paris. Le groupe ne tarissait pas de questions, certaines revenant du reste inlassablement : « *Quelles qualités doivent posséder les leaders ?* », « *Comment*

devient-on un leader ? », *« Est-ce inné ? »*, *« Quelle différence existe-t-il entre un manager et un leader ? »* D'autres étaient plus spécifiques, moins courantes. L'une d'elles m'est revenue à l'esprit : *« Comment expliquer qu'autant de leaders se laissent entraîner dans des actes immoraux, inappropriés, à la limite parfois de la légalité ? »*

Nous en connaissons à présent la raison principale. Elle porte la marque du narcissisme. Comme nous avons pu le voir dans le deuxième chapitre, les leaders sont en effet pour l'essentiel d'essence narcissique. Des narcissiques dominants. Des narcissiques qui en outre peuvent être « productifs » – pour le meilleur – ou « destructeurs » – pour le pire. De façon générale, les narcissiques présentent toutes les qualités requises pour diriger et inspirer les autres. Cependant il arrive un moment où le succès leur monte à la tête. Incapables de maîtriser leurs pulsions, de gérer leur *ego*, leur nombrilisme – un amour d'eux-mêmes immodéré –, ils pensent que ce qui s'applique aux autres ne saurait leur être opposé. Ils considèrent avoir tous les droits eu égard à leur contribution personnelle. Tôt ou tard, ils sombrent, particulièrement lorsqu'ils se trouvent sous les feux des projecteurs. Les raisons de leur déviance sont généralement de trois ordres :

> un goût excessif pour le pouvoir ;

> l'appât du gain ;

> un appétit sexuel démesuré.

Ce n'est généralement qu'une question de temps, du moins pour la plupart d'entre eux, car certains – conscients des risques encourus – parviennent à se placer eux-mêmes sous un contrôle strict.

J'avais répondu au groupe mentionné plus haut avec quelques exemples vécus et tout ce que j'avais appris depuis la fameuse « révélation d'Oxford ». C'est après ce cours, ce soir-là, en quittant le campus d'HEC à Jouy-en-Josas, que j'eus un nouveau déclic. Les images permettent parfois d'exprimer plus de choses que de longs développements. Je venais juste d'allumer la radio de ma voiture lorsque *Get Lucky* des Daft Punk a retenti dans l'habitacle. Ce titre phare – emblématique d'une génération – a illuminé mon esprit et m'a fourni une nouvelle grille de lecture. Tout m'est soudainement paru d'une parfaite évidence. Il fallait transposer le **style « Daft Punk »** à l'entreprise !

QUI EST DAFT PUNK ?

Tout le monde connaît sans doute le groupe français qui caracole en tête des ventes à chaque sortie d'un album. Daft Punk est composé de Thomas Bangalter et de Guy-Manuel de Homem-Christo, tous deux originaires de Paris. Spécialisés dans la musique électronique, ils ont lancé dans les années 1990 un style que l'on qualifie de « *French touch* ». Leur succès est planétaire et leurs albums font fureur. Début 2014, ils ont remporté cinq Grammy Awards pour l'album *Random Access Memories*, sous le label Columbia Records. Ce qui est particulièrement intéressant est qu'ils n'apparaissent jamais à visage découvert. Sur scène, ils surgissent en costume futuriste et casqués. C'est devenu leur marque de fabrique. Ils ont ainsi créé leur propre mythe. Comment interpréter ce désir d'anonymat ?

Dans un monde où l'image est devenue reine, où chacun joue des coudes pour être vu et reconnu, où la surmédiatisation a pris le pas sur tout le reste, il est plutôt singulier de voir deux artistes – à la notoriété aujourd'hui mondiale – soucieux de se protéger et de garder leur indépendance, comme s'ils voulaient garder leurs rêves intacts.

L'idée d'appliquer ce que nous pourrions appeler le « modèle Daft Punk » au monde de l'entreprise m'a tout d'abord fait sourire. J'imaginais tous ces cadres et dirigeants casqués en combinaison déambulant dans les couloirs des sièges sociaux à la recherche d'un leadership idéal. Et si l'humilité était finalement plus efficace que le coaching ou la technique du « fou-du-roi » pour mettre les narcissiques sous contrôle ? Si elle permettait d'éviter les débordements évoqués précédemment ? La solution serait donc en chacun de nous. Ne pourrait-on pas maîtriser nos pulsions internes en développant une forme d'humilité ? L'humilité comme rempart à la stupidité, à l'excès et aux actes contraires à l'intérêt général. Serait-il possible de combiner narcissisme et humilité pour un même individu ? Alors que je me rapprochais de Paris, il me sembla que cela était tout simplement impossible. Et pourtant, je devais admettre que ce serait la meilleure combinaison possible. Une façon de profiter des côtés bénéfiques des narcissiques sans avoir à en subir les inconvénients !

La force de l'humilité

Venant du mot latin « *humilitas* », dérivé de « *humus* » signifiant « terre », l'humilité est un trait de caractère que l'on associe rarement au leadership. Du moins pas spontanément. Il est facile d'en comprendre les raisons. Un individu faisant preuve d'humilité se voit pour ce qu'il est, avec beaucoup de réalisme. Et c'est bien entendu en totale opposition avec les narcissiques qui dominent le monde actuel et se considèrent généralement comme supérieurs aux autres en tous points. Leur image d'eux-mêmes se révèle rarement conforme à ce qu'elle est vraiment. On observe en eux un zeste de prétention, de suffisance ou d'arrogance. Certains parlent d'un goût exacerbé pour tout ce qui touche au grandiose. Le problème est qu'à partir d'un certain stade, cela peut relever d'une forme de pathologie.

Gardons à l'esprit que l'humilité n'est pas une qualité innée chez les êtres humains, ce qui signifie qu'elle s'acquiert avec le temps. Avec l'expérience, on gagne en maturité, on en sait davantage sur soi et les autres. On se forge un caractère plus solide — tant sur le plan affectif, intellectuel que spirituel — tout en prenant conscience de notre rôle et de notre place au milieu des autres, dans l'univers, dans l'entreprise qui nous emploie, dans notre vie privée, au milieu de nos amis, de notre famille, dans notre couple. Tout en étant conscient de notre valeur, on apprend à considérer les autres et à vraiment s'intéresser à eux. Faire preuve d'humilité, c'est accepter les différences, nos propres limites et nos imperfections. C'est aussi connaître nos qualités et points de différenciation. La modestie — que l'on confond souvent avec l'humilité — n'en est qu'une représentation. L'individu faisant preuve d'humilité est donc par essence très lucide sur lui-même, et sur les autres, ce qui décuple sa force.

Quand le narcissique rencontre l'humilité !

Annoncée ainsi, la rencontre semble improbable. Oxymorique, cette association de traits constitue pourtant peut-être l'une des solutions les plus simples à la vacance actuelle de leadership. Pour contourner leurs limites, les narcissiques n'auraient peut-être qu'à développer un peu plus d'humilité. Un comportement plus humble s'avère en réalité la condition *sine qua non* à l'accomplissement de grands desseins, du moins aujourd'hui. En effet les temps changent, nos repères évoluent, et bien qu'il existe un socle commun, les qualités d'hier ne conviennent plus exactement de nos jours. Napoléon Ier – narcissique pur – n'avait probablement que peu d'humilité. Cela ne l'a pas empêché de marquer l'histoire. Mais c'était une autre époque. Il fut un empereur redouté par toutes les nations environnantes, respecté par ceux qui l'entouraient. Il serait aujourd'hui considéré comme un tyran ou un dictateur. Notre regard et nos valeurs ont changé.

Les narcissiques productifs purs peuvent réaliser de grandes choses, mais rarement atteindre le stade ultime du leadership. Mais alors, comment acquérir ce supplément d'humilité ? Si, pour la plupart des gens, elle se gagne avec le temps – ce qui ne présage en rien du résultat obtenu –, pour les narcissiques, c'est un peu plus compliqué en ce sens qu'ils ne la recherchent pas. En effet, ces derniers n'ont aucun intérêt pour ce trait de caractère. Ils perçoivent en général l'humilité comme une faiblesse ! Il faut donc la leur enseigner. En comprenant son essence et en se convertissant au final à ses vertus, ils pourront devenir des leaders plus aboutis, ceux que notre société moderne appelle aujourd'hui de ses vœux.

Le *yin* et le *yang*

Le leader du troisième type de profil érotico-narcissique – possédant une forme d'humilité – pourrait donc devenir sous peu le nouveau référentiel. Le narcissisme apporte indiscutablement la confiance en soi, l'humilité permet d'atteindre la grandeur recherchée. Sur le papier, la combinaison est parfaite, l'humilité tempérant les excentricités et les dérives potentielles du caractère narcissique : le *yin* et le *yang* en quelque sorte, ou le mouvement perpétuel de deux énergies apparemment contraires. En réalité, ces forces se complètent. Par le biais d'une alliance subtile, on obtient la symbiose recherchée pour franchir un nouveau cap et tutoyer la perfection. En tout *yin* se niche une part de *yang* et inversement. De la même façon, en tout narcissique, on devrait trouver une part d'humilité et en tout serviteur humble une part de narcissisme lui permettant de viser les sommets.

Sous ce nouvel éclairage, tout devient différent. On imagine traditionnellement le leader courageux, visionnaire, authentique, connecté, doté d'un certain sens des réalités, fort d'une éthique irréprochable et de solides réseaux professionnels. Que se passe-t-il lorsque l'humilité se mêle à tout cela ?

Commençons par le courage. Aristote affirmait qu'il s'agissait de la qualité humaine la plus importante. Dans les affaires, il permet en effet de prendre des risques, de comprendre avant les autres qu'il faut sortir de sa zone de confort pour franchir certains paliers. Les risques envisagés doivent être mesurés et pris dans le respect de l'intérêt collectif. Le leader humble agit en plaçant sa mission au-delà de lui-même, ce que ne fait que très rarement le narcissique pur. C'est là bien entendu une différence notable.

Poursuivons avec le caractère visionnaire. Leadership et vision constituent deux notions intimement liées. Le leader visionnaire sait où il veut aller, comment et surtout pourquoi. Le narcissique va rapidement imposer ses vues sans écouter, sans prendre en considération l'avis des autres. À l'inverse, la vision définie par le leader humble est généralement le fruit d'un travail collaboratif. Il en partage les avancées avec tous en prenant soin d'écouter et d'intégrer les « *feedbacks* » recueillis.

Autre différence notable, alors que le narcissique s'entoure de béni-oui-oui (ou « *yes-men* »), le leader humble cherche la complémentarité, aussi bien dans les compétences, dans les profils que dans les caractères. Il ne cherche pas à se dupliquer. Bien au contraire, conscient de ses limites, il s'efforce de les compenser en intégrant des membres ne lui correspondant pas. Manfred Kets de Vries affirme que plus on devient puissant, plus on est entouré de murs, de miroirs et de menteurs.

Garder un certain sens des réalités s'avère bien sûr fondamental. Les conseils d'administration se montrent très attentifs sur ce point. Ils gardent en permanence en œil inquiet sur leurs poulains — particulièrement en cas de narcissisme avéré — pour s'assurer qu'ils restent bien dans les clous et donc pour les protéger d'eux-mêmes. Le leader humble assure sa propre sauvegarde. Il met en place les mécanismes nécessaires pour s'autocontrôler en cas de problème. Des comportements anodins en apparence peuvent produire de fâcheuses conséquences sur le long terme, comme le fait de ne prêter aucune attention aux autres. Ne pas écouter son entourage, c'est se priver de capteurs. Un leader équilibré — conscient de l'environnement dans lequel il évolue – prend le temps d'échanger avec son équipe avant toute décision.

Le leader humble agit en gardant son système de valeurs à l'esprit, car en renonçant à l'appliquer, en abdiquant sur ce qui compte le plus à ses yeux, il ne fait que s'enfoncer et ne peut qu'en ressortir perdant. Il garde toujours le cap sur ce qui lui tient vraiment à cœur. Il n'en dévie pas, du moins pas sur l'essentiel. L'éthique n'est pas pour lui un programme ou un objectif, mais est intimement intégrée à son processus de fonctionnement. Le leader purement narcissique pense la même chose... jusqu'au moment où pour atteindre une cible qui lui tient à cœur, il devient subitement ouvert à toutes les compromissions. L'intégrité se révèle par nature essentielle à l'acte de management. Sans elle, impossible de rallier quiconque à sa cause.

Le leader combinant les qualités du narcissique et celles de l'érotique – dont l'humilité – peut sans doute parvenir au bon équilibre. Il saura définir une vision enthousiasmante, se montrer constant, consistant, authentique, responsable, s'entourer intelligemment, diriger par l'exemple, avec le bon référentiel de valeurs. Reste à savoir si de tels profils peuvent véritablement exister.

L'étincelle de la créativité

L'innovation technologique nous propulse depuis quelques années dans un autre univers. Nous franchissons de nouveaux paliers techniques à une vitesse vertigineuse. Objets connectés, intelligence artificielle, agents robots, l'étincelle se lit dans les yeux de tous les chercheurs et développeurs, qu'ils soient issus de start-up ou d'entreprises. Il y a quelques années, la science-fiction nous transportait dans des mondes parallèles, mais nous étions conscients de l'écart qui nous séparait de la réalité. Aujourd'hui, il devient de plus en plus difficile de se laisser surprendre tant le fossé entre le virtuel et le réel se resserre.

Un potentiel d'innovation

Lors de l'interview de décembre 2013 mentionnée plus haut, j'avais évoqué la place centrale de la créativité dans le modèle économique actuel. En réalité, l'innovation s'est toujours trouvée au cœur de l'entreprise, de l'économie et de la société tout entière. Sans elle, il devient tout simplement impossible d'envisager un quelconque progrès. Ce n'est donc pas totalement nouveau. Pourtant, aujourd'hui, ce n'est plus tout à fait la même chose, en particulier sur le plan du leadership. Depuis l'après-guerre, le pouvoir a changé plusieurs fois de mains pour devenir beaucoup plus dilué. C'est en réalité une très bonne chose, car tout individu porteur d'une bonne idée peut contribuer à la dynamique de croissance, bouleverser le *statu quo* ou tout simplement changer une façon de procéder ou d'aborder une situation donnée. On pense bien sûr aux fondateurs de start-up, mais pas seulement. Les créatifs sont aujourd'hui partout. On les trouve dans tous les métiers et dans tous les secteurs.

Ce potentiel innovant existe bien chez le leader du troisième type. Il s'agit même de l'une de ses caractéristiques essentielles. Il ne possède pas forcément un profil technique. De nombreuses start-up très technologiques ont ainsi été lancées avec succès par des femmes ou des hommes de marketing, ou issus d'autres fonctions. Ils ne s'imposent pas de limites liées à de possibles contraintes techniques... puisqu'ils ne les connaissent pas toujours ! Il n'y a plus vraiment de règles précises, la réussite n'est plus standardisée. Les chemins privilégiés, les passe-droits et autres sentiers protégés disparaissent. Ce mouvement s'avère tout à fait salutaire.

Comment le pouvoir est-il passé aux mains des créatifs ?

Avant la Seconde Guerre mondiale

La pensée dominait, les idées guidaient l'action. Les **hommes de lettres** avaient la main. Le bac philo représentait à l'époque la panacée. De nombreux hommes d'État étaient issus de cursus littéraires ou philosophiques.

Les Trente Glorieuses (1945-1975)

À l'orée de cette période de reconstruction économique, après le chaos de la guerre, l'économie et l'industrie étaient à terre. Les **ingénieurs** ont pris les rênes et les mathématiques sont devenues la matière de sélection principale. Ce fut une période euphorique en termes de croissance, d'où l'appellation de « Trente Glorieuses ». C'est aussi pendant ces années qu'est née la notion de « société de consommation », parfois comme critique du modèle capitaliste. La crise pétrolière de 1973 a mis un terme à cette prospérité. On parle aussi en désignant ces trois décennies de « révolution silencieuse », en référence aux nombreux changements économiques et sociaux qui se sont produits durant ce cycle.

L'âge de l'information ou la troisième révolution industrielle (1975-2005)

Certains parlent – à tort selon nous – de « Trente Piteuses » pour évoquer la période suivante, qui aurait été moins porteuse en termes de croissance et de dynamique économique. S'il est vrai que ces trois décennies ont connu quelques difficultés notables – le second choc pétrolier de 1979, l'éclatement de la bulle Internet en 2000 et une croissance parfois aléatoire –, elles ont aussi été une phase très riche en termes d'innovations, en particulier dans le domaine de l'informatique. On est passé allégrement de la carte perforée aux logiques de clients-serveurs, sans oublier la naissance des premiers ordinateurs personnels.

Le milieu des années 1990 a vu la naissance du World Wide Web, avec toutes ses promesses. Des sociétés pionnières ont peu à peu émergé, comme Yahoo!, Amazon, eBay, Netscape ou encore AOL. L'informatique a permis l'automatisation des processus et des tâches, ainsi que l'optimisation des coûts de production et de fonctionnement.

Les **financiers** sont sortis grands gagnants de cette période. Il faut se souvenir que ce sont bien les marchés financiers qui sont venus au secours de l'économie mondiale à l'issue des deux chocs pétroliers. Ils ont en effet permis d'injecter des fonds dans les entreprises pour soutenir la croissance. Les difficultés rencontrées par la première vague de start-up en 2000 – les capitalisations boursières étaient alors totalement surévaluées – ont permis d'une certaine façon de préparer l'avènement de la phase suivante.

La révolution digitale ou la quatrième révolution industrielle (depuis 2005)

À peine sortie des conséquences de l'éclatement de la bulle Internet et des attentats du 11-Septembre, l'économie a plongé dans la plus grande dépression depuis 1929. La crise de 2008 a tout chamboulé. Cependant, comme toujours, cette période difficile a aussi dégagé un bénéfice. D'abord, le progrès technique a permis de faire des bonds en avant. Grâce au *cloud*, au *big data*, aux développements agiles ou aux objets connectés, on peut construire des plateformes collaboratives capables d'accompagner la mutation économique et sociétale qui émerge peu à peu.

Ces évolutions technologiques ont rendu possible l'évolution du modèle capitaliste vers une économie du partage. La deuxième vague de start-up est née de cet environnement pour proposer des services partagés. Citons Uber, Blablacar, Airbnb ou encore Booking.com. Si la révolution digitale a fait naître autant de promesses que d'inquiétudes, elle a indéniablement permis aux **créatifs** de prendre l'ascendant. Partout, des leaders du troisième type sortent du lot et font la différence. Il peut s'agir d'entrepreneurs, de professeurs d'université ou de chercheurs en médecine. Les ruptures que nous connaissons actuellement — appelées « disruptions » — sont toujours le fait de leaders qui approchent les problématiques sous un angle totalement nouveau.

Une créativité plus forte

Le pouvoir a donc bien changé de mains au cours des décennies précédentes. Il est passé des hommes de lettres aux ingénieurs, puis de ces derniers aux financiers, avant de tomber dans l'escarcelle des créatifs.

On comprend bien sûr de mieux en mieux l'évolution du leadership au cours de cette même période. Les ingénieurs et les financiers sont par nature des profils structurés, rationnels, des individus qui ne laissent pratiquement rien au hasard. Ils trouvent généralement leurs racines dans le narcissisme dominant — ou peu mélangé — car ils n'ont que la réussite de leurs projets à l'esprit. Ils se montrent très directifs et peu enclins au partage, à l'écoute et à la collaboration. Ils savent ce qu'ils veulent et connaissent les méthodes pour parvenir à leurs fins. Ils sont bien sûr redoutablement efficaces et la plupart du temps très compétents. Ils excellent pour gérer et faire prospérer une activité, mais perdent beaucoup en aisance lorsqu'il s'agit de créer et de laisser parler leurs émotions. Il existe bien sûr des exceptions, mais c'est bien le profil majoritaire.

Les créatifs — comme du reste les hommes de lettres d'avant-guerre — viennent d'horizons très divers. Il peut s'agir de diplômés de lettres, de droit, d'économie ou de sociologie. Ils peuvent aussi — et ce n'est en rien contradictoire avec nos propos précédents — être issus d'écoles d'ingénieurs, d'universités scientifiques ou être diplômés en finance. Ils peuvent être engagés dans de multiples professions, être de toute génération, l'âge ne constituant en rien un critère. On constate juste que les nouvelles générations ont plus développé leur sens créatif que leurs aînés. Ces créatifs — du moins ceux qui présentent les caractéristiques habituelles d'un leader — se retrouvent dans les personnalités du troisième type, sujet central de cet ouvrage. Ils sont à l'écoute des autres, cherchent la collaboration, le dialogue, abordent la vie avec une philosophie différente, ne sont pas concernés par les mêmes enjeux que leurs parents et ont des étincelles dans les yeux.

▬▬▬ Ah ! ça ira, ça ira, ça ira...

C'est bien sûr le refrain qui symbolise au mieux la Révolution française. Aujourd'hui, les leaders du troisième type – révolutionnaires 2.0, et porteurs des deux types érotique et narcissique – forment une nouvelle vague de dirigeants, des femmes et des hommes qui appréhendent le monde et ses challenges – comme nous avons pu le découvrir au fil des pages – d'une façon radicalement différente. Porteurs de sens, humbles et créatifs, ils possèdent les qualités que l'on trouve habituellement chez les narcissiques dominants et productifs, mais sans les inconvénients.

Ils sont révolutionnaires parce qu'ils bouleversent tout sur leur passage. Ils remettent en cause les pouvoirs établis, n'hésitent pas à s'attaquer aux chasses gardées. Ils sont généreux, car leurs centres d'intérêt ne tournent pas uniquement autour de leur personne. Ils sont porteurs de sens car ils ne sont pas prêts à abandonner leurs idées pour plus de pouvoir ou plus d'argent. Ils agissent pour faire aboutir un projet qui leur tient à cœur et faire passer leurs idées. Ils se montrent créatifs dans leurs approches, leurs méthodes et leurs styles.

Ils sont en réalité porteurs d'espoir dans un monde où tout doit être réinventé.

Ah ! ça ira, ça ira, ça ira...

Prise de conscience

VOICI VENU LE TEMPS DES FEMMES !

Nous connaissons tous la maxime « la femme est l'avenir de l'homme », rendue célèbre par Jean Ferrat[1]. Refléterait-elle aujourd'hui ce renouveau que nous appelons tous de nos vœux depuis la crise de 2008 ? Depuis lors, nous cherchons un nouvel équilibre et des leaders capables de nous entraîner sur des chemins différents. Aucun modèle ne semble pouvoir résister à l'incursion des nouveaux révolution-naires. Avec aplomb, des entrepreneurs hardis, partout dans le monde, dans tous les secteurs d'activité, remettent en cause l'ordre établi, bousculant les principes élémentaires pour réinventer une autre façon de conduire les affaires. Cependant, comme nous l'avons déjà dit, ces révolutionnaires ne sont pas issus du seul envi-ronnement des start-up. Ils proviennent de milieux très divers et partagent tous le désir de changer la donne. Et si cette révolution en marche endossait une nouvelle apparence ? Et pourquoi pas sous des traits de plus en plus féminins ?

DES PROGRÈS CERTES, MAIS TRÈS INSUFFISANTS

Dans les faits, nous sommes encore loin d'un équilibre. Les femmes en position de commandement restent rares. Les statistiques ne manquent pas de nous le rappeler, même si les frontières commencent à bouger. Ainsi, en Allemagne, Angela Merkel s'est imposée au fil des ans comme une grande chancelière. Des femmes de talents ont été nommées ces dernières années à la tête de grandes multinationales, comme Meg Whitman pour Hewlett-Packard Entreprise[2], Ursula Burns chez Xerox Corporation ou Marissa Mayer pour Yahoo!. Un peu partout, des trentenaires talentueuses et ambi-tieuses émergent, décidées à prendre le pouvoir sans s'en laisser compter. Cependant, ces progrès ne peuvent masquer l'importance des écarts qui persistent dans presque tous les compartiments :

> pourcentage de femmes cadres dans la population totale ;

> écarts de rémunérations à responsabilités équivalentes ;

> nombre de femmes siégeant dans un COMEX ou occupant un poste de P-DG ;

> pourcentage de femmes occupant un siège dans une assemblée législative.

Les faits sont là, implacables : la parité n'est pas pour demain !

FAISONS SAUTER LES VERROUS !

Chaque année, nous entendons à peu près la même ritournelle, assistons aux mêmes débats, faisons les mêmes constats et restons confrontés aux mêmes blocages. Malgré la symbolique qui lui est attachée, la Journée de la Femme ne produit finalement que

---

1   Album et chanson de 1975 en hommage au poète Louis Aragon qui dans « Le fou d'Elsa » mentionne à deux reprises : « L'avenir de l'homme est la femme. » Jean Ferrat a choisi d'inverser l'ordre des mots.
2   Et de HP précédemment, avant la séparation du groupe en deux sociétés le 2 novembre 2015.

peu d'impact. Si elle permet toujours une certaine prise de conscience, elle est surtout devenue avec le temps une sorte de palliatif, une journée de déculpabilisation ! Il est temps d'aller plus loin, plus vite, car les femmes constituent un atout pour affronter les défis qui nous font face aujourd'hui et remettre l'humain et la dimension sociale au cœur des débats.

L'omniprésence masculine

Depuis l'origine des temps, ce sont surtout des hommes qui ont dirigé le monde. Si les progrès réalisés au cours des deux derniers millénaires se sont avérés spectaculaires, les malheurs qui se sont abattus sur l'humanité l'ont été tout autant. On ne compte plus les guerres de religion et les massacres perpétrés au nom d'une couleur de peau ou d'une croyance différente. Citons pêle-mêle les Croisades, l'Inquisition, la Saint-Barthélemy, l'évangélisation sauvage de l'Amérique du Sud, le massacre des Indiens d'Amérique, la traite des Noirs, l'Holocauste, les monarchies meurtrières en Afrique, les pogroms ou les actes de terrorisme au nom de telle ou telle cause. Et si des leaders, quel que soit leur domaine, comme Alexandre le Grand, Léonard de Vinci, Mahatma Gandhi, le général de Gaulle, Winston Churchill, Martin Luther King Jr., Malcom X ou encore Louis Pasteur ont marqué à jamais l'histoire de leurs empreintes, le bilan du règne masculin reste finalement très mitigé. Trop de morts, trop de misère, trop de violence. Les hommes doivent avoir l'humilité de reconnaître qu'ils n'ont pas toujours su dompter leur soif de grandeur et de conquête. Des *ego* mal placés peuvent conduire au pire. Le bilan s'avère sans appel : en 2016, la moitié de la planète meurt de faim, un quart vit dans un surendettement inquiétant et le reste, soit le dernier quart – les BRICS[1] pour l'essentiel – ne rêve que de dominer le monde. Il y a de quoi se poser de sérieuses questions.

Cette omniprésence masculine n'est pas nouvelle, mais remonte à la nuit des temps, même si les femmes ont presque toujours joué un rôle d'influence. L'Ancien Testament, les Évangiles et le Coran ne font que très rarement référence aux femmes. Quand elles sont citées, ce n'est presque jamais à leur avantage. On les culpabilise dans Siracide[2] : « *C'est à cause d'une femme que le péché a commencé, c'est par sa faute que nous sommes tous mortels.* » Ou encore : « *Que les femmes se taisent dans les assemblées, car il ne leur est pas permis d'y parler ; mais qu'elles soient soumises, selon que le dit aussi la loi. Si elles veulent s'instruire sur quelque chose, qu'elles interrogent leur mari à la maison ; car il est malséant à une femme de parler dans l'Église.* »[3] L'image de Dieu reste par ailleurs essentiellement masculine[4], tout comme les principaux personnages

---

[1] Ou les pays émergents dont le Brésil, la Russie, l'Inde, la Chine et l'Afrique du Sud.

[2] Également appelé *L'Écclésiastique* ou encore *La sagesse de Jésus Ben Sira*, il s'agit de l'un des livres sapientiaux (Ancien Testament) écrit vers 200 avant J.-C.

[3] *La Première épître aux Corinthiens* est un livre du Nouveau Testament.

[4] Le Pape Jean-Paul I avait surpris en déclarant à propos de Dieu : « *He is our father ; even more he is our mother* », ce que nous pouvons traduire par « Il est notre père ; et même plus, il est notre mère ».

des textes religieux : Abraham, Jacob, Moïse, David, Salomon, Jésus, les douze Apôtres ou Mahomet. Les femmes ne sont guère plus à l'honneur dans les épopées glorieuses de la Grèce Antique ou de l'illustre Rome[1].

C'est même le véritable point noir de la civilisation athénienne, de cette belle démocratie qui inspire toujours le monde d'aujourd'hui, civilisation où les femmes étaient exclues. L'Iliade et l'Odyssée d'Homère campent les actes glorieux de héros mythologiques et légendaires, tels le demi-dieu Achille, le roi Ulysse ou le prince Hector. Si les femmes sont cette fois très présentes, c'est avant tout pour semer le trouble, comme Hélène qui déclenche – pour l'amour qu'elle porte à Pâris – la guerre, puis la chute de Troie. Peu de traces d'elles dans les réflexions de Socrate, de Platon ou d'Aristote, ou dans les biographies historiques d'Alexandre le Grand ou de Jules César.

Bien avant ces derniers, dans une autre région du monde, Confucius, Lao Tseu ou Siddhartha Gautama, encore des hommes, influencèrent le monde par leurs actions et leurs idées. Deux millénaires plus tard, le statut des femmes stagne presque toujours au même point. Rappelons-nous le Moyen Âge et les Croisades, la Renaissance et les grandes expéditions maritimes ou les Temps modernes et le progrès technique continu. Les femmes ont presque toujours joué un rôle secondaire[2]. Il en va de même sur le plan des idées. Il faudra attendre Hannah Arendt[3] ou Simone de Beauvoir[4] pour donner une teinte plus féminine à la pensée universelle.

1 Même s'ils vénéraient aussi des déesses.
2 Du moins dans l'immense majorité des cas. Jeanne d'Arc constitue un contre-exemple notable.
3 Elle traita des questions relatives au totalitarisme, à la culture et à l'appréhension de la modernité.
4 Elle joua un rôle considérable dans le mouvement de libération des femmes dans les années 1970.

Les hommes ont en réalité du mal à laisser leur place. Or la mutation évoquée plus haut ne pourra se produire sans qu'ils cèdent — de gré ou de force — une partie de leurs sièges dans les parlements, les gouvernements, les conseils d'administration ou les comités de direction. Ils devront accepter de débattre à égalité avec les femmes qui auront, à n'en pas douter, des approches différentes des leurs. Au final, on est généralement d'accord pour défendre le principe de la mixité, à condition toutefois que cela n'affecte pas directement notre sphère immédiate. Pour autant, il faudra se garder de basculer dans une situation totalement inverse où les hommes ne trouveraient plus leur place[1]. Admettons que nous sommes loin du compte !

Faire évoluer la pensée

Le monde actuel a été conçu par des hommes pour des hommes. La prise en compte des problématiques féminines est à peine esquissée. Chaque année, les hommes lâchent un peu de lest, en gage de bonne volonté, mais sans céder sur l'essentiel : le pouvoir. Ils laissent aux femmes le soin d'organiser leur mécontentement — sous forme de débats et de conférences — et leur distribuent des miettes. En d'autres termes, ils gagnent du temps. Il existe en fait un gouffre gigantesque entre les discours et les actes. Et s'il semble évident pour beaucoup que l'avènement des femmes est pour bientôt, les mentalités ont en réalité peu évolué. Le modèle patriarcal qui règne en maître depuis la fin des années 1940 s'avère pourtant voué à disparaître. Comment imaginer aujourd'hui qu'une jeune fille diplômée d'une école de management française ou d'une université américaine puisse se « sacrifier » pour que son conjoint fasse carrière ? Pourquoi, sous prétexte d'être une femme, devrait-elle renoncer à ses rêves ?

En passant d'un monde industriel à une économie centrée sur les services et le monde digital, les femmes ont vu s'ouvrir de nouvelles opportunités. Elles réussissent par ailleurs mieux à l'école et à l'université que la gent masculine, sont souvent plus réfléchies, davantage ancrées dans la réalité. Elles adoptent plus facilement un mode participatif et ne s'inscrivent pas dans une logique de combat. Elles semblent définitivement plus à même d'embrasser les mutations sociétales actuelles. Le rééquilibrage qui devrait en résulter ne pourra être que profitable à nos économies, car il est en effet démontré que les entreprises championnes de la mixité sont aussi celles qui affichent les meilleures performances.

Consciemment ou inconsciemment, certains hommes acceptent mal l'idée d'être un jour dirigés par une femme. Les blocages sont souvent d'ordre psychologique. Une femme évoque pour eux une mère, une sœur, une épouse, tout en fait, mais certainement pas un supérieur hiérarchique. Notre culture occidentale nous a mis en tête des schémas préétablis, stéréotypés, coulés dans le marbre, des réalités éternelles ancrées dans nos

---

1 Rosin, H., *The End Of Men: And The Rise Of Women*, Viking, 2012. Version française : *The End Of Men : voici venu le temps des femmes*, Autrement, 2013.

subconscients. Et les clichés ont la vie dure : « Une mère ne peut pas être méchante » ; « Une femme doit être au service de son époux, s'occuper des enfants et du foyer » ; « C'est à l'homme de subvenir aux besoins de la famille ». Voilà quelques reliquats de notre éducation qu'il sera difficile d'effacer.

Pourtant les femmes ne veulent plus attendre. Elles se sont émancipées, foulant aux pieds les modèles d'hier. On commence à admettre qu'une femme puisse licencier un collaborateur en manque de performance ou piquer une colère, sans perdre pour autant sa féminité. Elle exerce en fait son leadership avec son propre style. Elle assume aujourd'hui ses responsabilités sans avoir le sentiment de trahir sa condition de femme ou de heurter l'homme dans ce qu'il a de plus sacré, sa virilité. Il est temps de faire évoluer notre pensée.

L'avènement des femmes

Les femmes ont de fait des qualités que les hommes ne possèdent pas, et inversement. Il existe une parfaite complémentarité entre les deux sexes et pour mieux la cerner, nous pouvons nous reporter à une étude conduite en septembre 2009 auprès de huit cents dirigeants dans le monde par McKinsey & Company, insistant entre autres sur les attributs spécifiques des femmes lorsqu'elles se trouvent en position de commandement[1].

---

1 « Leadership au féminin, un atout face à la crise et pour la reprise », Women Matter, 3 septembre 2009, McKinsey & Company.

Visionnaires et inspiratrices

Au regard des styles de leadership évoqués précédemment, les femmes sont souvent perçues comme des visionnaires (« *authoritative style* »). Elles élaborent généralement des plans détaillés avec des étapes claires pour parvenir à leur but. Elles s'avèrent aussi très souvent sources d'inspiration pour celles et ceux qui les écoutent et les suivent. Elles sont rarement directives (« *coercitive style* »), même si elles peuvent se montrer intraitables face à la négligence ou au manque d'implication et de professionnalisme. Elles affectionnent plutôt le mode de l'échange et de la participation dans des relations de collaboration (« *affiliative style* ») et/ou de participation (« *democratic style* »). Elles consacrent généralement du temps au développement personnel des membres de leur équipe (« *coaching style* »), ce que les hommes ont plus de mal à faire, du moins de façon naturelle. À l'inverse des leaders masculins, elles s'inscrivent peu dans le schéma du « chef de file » (« *pacesetting style* »). Les femmes gèrent leur *ego* d'une façon qui leur est propre et ne cherchent pas forcément à avoir autour d'elles des profils similaires ou des « béni-oui-oui ». Si elles expriment très clairement ce qu'elles attendent, elles laissent généralement une réelle autonomie à leurs équipes. Elles portent en elles ce désir de « faire grandir ». Elles sont tenaces, ne renoncent pas facilement. Leurs atouts sont donc considérables et font de certaines d'entre elles de véritables capitaines de bord, qui savent résister aux pires tempêtes et entraîner leurs équipes dans les conquêtes les plus audacieuses.

Le temps, meilleur allié des femmes

Pour autant, il n'est pas si facile pour elles de diriger. En France, les détracteurs des femmes au pouvoir brandissent souvent l'exemple des « jupettes »[1] comme preuve irréfutable de leur incapacité à gouverner ou celui de Margaret Thatcher pour dire qu'une femme ou un homme au pouvoir, c'est un peu la même chose. Il est vrai que tout leader en herbe utilise souvent le mimétisme comme méthode pour progresser. Or ce sont surtout des hommes qui entourent les femmes à ce jour. Les codes masculins deviennent donc de ce fait leur base référentielle.

D'une façon générale, la société se montre moins tolérante à leur égard. Elles paient généralement « cash » le moindre faux pas. Les femmes souffrent en premier lieu d'un manque d'expérience qui nuit à leur crédibilité. Ce n'est pas tant comme certains aiment à le dire que le leadership sied mieux aux hommes, mais plutôt qu'ils ont eu davantage de temps pour l'expérimenter. Quant aux femmes, moins nombreuses au sommet, leurs échecs s'avèrent statistiquement plus visibles. Elles souffrent par ailleurs d'un manque de confiance en elles. Or nous savons que l'assurance constitue habituellement

---

1   « Jupettes » ou « Juppettes » est la désignation à connotation sexiste attribuée aux femmes du premier gouvernement d'Alain Juppé, expérience qui s'est plutôt mal terminée pour les deux tiers d'entre elles.

un facteur clé de succès. Elles gagneraient assurément à laisser émerger un leadership plus féminin.

Pourtant, tout va se réguler très vite à présent. Le temps va devenir le meilleur allié des femmes. On devient un grand navigateur… en naviguant ! Et chaque régate offre l'occasion de progresser. Il en va de même pour le métier de dirigeant. Tout au long de notre vie, nous emmagasinons de l'expérience et apprenons aussi bien de nos succès que de nos échecs.

Les femmes vont jouer un rôle croissant dans les années à venir, aussi bien dans les débats d'idées que dans la direction des entreprises et des États. Si les raisons de cette émergence sont multiples, la principale a trait à l'adéquation de leur profil au modèle de leadership dont nous avons besoin pour transformer et gérer la société de demain. Elles sont moins narcissiques que les hommes, du moins parviennent-elles à mieux gérer leur *ego*. Que nous soyons en faveur d'un rééquilibrage ou pas, le mouvement engagé est inéluctable. Voici donc venu le temps des femmes !

À NOUVEAU MONDE, NOUVEAUX LEADERS !

« *La vie, c'est le renouveau constant, c'est la lutte. Mieux vaut la lutte, avec toutes ses souffrances, que votre belle mort* » (*Le théâtre du peuple*, Romain Rolland, Prix Nobel de littérature 1915).

En arrivant sur le campus de l'Université d'Oxford en 2006, j'étais comme beaucoup de gens à l'époque perplexe sur l'état du monde. Nous venions de vivre l'éclatement de la bulle Internet – après l'euphorie des années 1990 – et surtout les terribles attentats du 11-Septembre qui avaient secoué brutalement la planète entière. J'avais eu l'impression de vivre un cauchemar et je sentais bien qu'il nous fallait autre chose. De nouveaux leaders pour incarner le renouveau, pour tout réinventer, pour réenchanter la promesse initiale, celle d'un monde en progrès, porteur d'espoir et censé réduire les inégalités.

C'est le professeur Michael Maccoby qui m'a alors ouvert les yeux en me faisant comprendre que le monde se trouvait aux mains des narcissiques dominants. Il m'est très vite apparu qu'ils n'étaient plus adaptés aux challenges actuels. Ces derniers l'ont été – à leur actif des œuvres et des réalisations immenses – tout en ayant aussi été à l'origine de drames humains inimaginables. En partant de la théorie des types libidinaux de Sigmund Freud, j'ai imaginé que les leaders de demain pourraient être des « hybrides », des êtres dotés d'un type érotique plus fortement représenté – puisque l'intelligence émotionnelle devient un facteur vital de succès – et d'un narcissisme atténué, mais tout de même présent au vu des qualités caractéristiques de ce profil.

Les années qui se sont écoulées depuis n'ont fait que renforcer ma conviction. De nouveaux révolutionnaires – qualifiés dans cet ouvrage de 2.0 – émergent un peu partout, dans tous les domaines d'activité, et changent la donne dans un univers qui se veut de plus en plus digital. Ils présentent finalement deux vertus essentielles. La première : être eux-mêmes les leaders du renouveau – les leaders du troisième type –, celles et ceux qui vont tout simplement fonder les bases d'un autre modèle. La seconde : bousculer les leaders en place – majoritairement des narcissiques dominants – pour les faire évoluer vers une forme renforcée, dite encore augmentée.

Ces leaders du troisième type – qui se trouvent aux commandes ou en passe de l'être – vont à n'en pas douter changer le monde. Ce qui nous attend est à la fois complexe – par la multitude des défis que nous allons tous devoir relever – et enthousiasmant car tout semble possible.

Si les narcissiques dominants semblent en décalage avec les attentes du monde actuel, il n'en va pas de même pour les leaders du troisième type ou révolutionnaires 2.0 qui bousculent tout sur leur passage. Leur profil – plus équilibré – constitue un atout pour accompagner la quatrième révolution industrielle et l'évolution de notre économie vers une approche plus collaborative.

Nous sommes au début d'une belle aventure. Avec ces nouveaux leaders aux commandes, nous pouvons être confiants dans l'avenir, le nôtre et celui des générations à venir.

BIBLIOGRAPHIE

Collectif (dir. Mahéas, M.-C.), *Mixité, quand les hommes s'engagent*, Eyrolles, 2015. Version anglaise : *Gender balance, when men step up*, Eyrolles, 2016 (préface de Gérald Karsenti).

Cooper Ramo, J., *L'âge de l'impensable, comment s'adapter au nouveau désordre mondial*, JC Lattès, 2010.

Katzenbach, J. R., Khan, Z., *Leading outside the lines*, Jossey-Bass, 2010.

Kets de Vries, M., *La face cachée du leadership*, Pearson Village Mondial, 2010, 2e éd.

Kotter, J. P., *Leading change*, Harvard Business Review Press, 2012.

Maccoby, M., *Narcissistic leaders, who succeeds and who fails*, Harvard Business School Press, 2007.

Schultz, H., avec Gordon, J., *Onward: how Starbucks fought for its life without losing its soul*, John Wiley & Sons, 2011.

INDEX

A

Airbnb 19
Amazon 19
ambition 72, 110
amour 78
  de soi 54
anticipation 10

B

baby-boom 83
bien-être 142
Bill Gates 57, 126
bonheur 138
  économie 143
Bonheur National Brut 144
Booking.com 19
bouleversement 23
bricks and mortar 19, 41
bulle Internet 117

C

client 137
coaching 107
compétition 61
confiance 81
conviction 24
courage 152
créativité 137, 153, 156
crise des *subprimes* 41

D

déconstruction 132
délégation 137
dématérialisation 18
désintermédiation 18
despote 70
digitalisation 21, 128
  économie 130
digital native 24
disruption 116, 122
diversité 136
diversité culturelle 107

E

écoute active 113
efficacité 132
égoïsme 53
Elon Musk 57, 124
émotion 111
équilibre 79
esprit collaboratif 137
excès 58, 61
exemplarité 137
exigence 133

F

facteur extérieur 35
formation 107
fou-du-roi 61
froideur 61

G

GAFA 20
génération 83, 122
  silencieuse 83
  X 84
  Y 84, 104
  Z 84

H

Howard Schultz 13, 124
humain 135, 137
humanité 78
humilité 82, 137, 147

I

incorruptible 70
inégalité 26
information 44, 88, 155
innovation 43, 153
inspiration 163
instantanéité 18
intelligence 96
  émotionnelle 99, 102
Internet 35

L

laisser-aller 37
leader
  chef de file 93
  coach 94
  collaboratif 93
  contextuel 51
  directif 92
  participatif 94
  qualité 46
  visionnaire 95
leadership
  définition 44

équilibré 102
  gène 50
  inné 51
  séduction 48
Lehman Brothers 41
loyauté 111

M

malaise 28
Mark Zuckerberg 57, 125
Michael Maccoby 38
mimétisme 50
mission transverse 107
mix générationnel 136
mixité 136
modèle 133
  Daft Punk 147
mutation 33
mutation érotique 104

N

narcissique
  augmenté 85, 88, 103
  destructeur 60
  dominant 56
  érotique 39, 91
  obsessionnel 39, 73, 90
  productif 59, 151
  productiviste 39
narcissisme 55
neurone 98
numérique 12, 17

O

omniprésence masculine 159
11-Septembre 35
ordre nouveau 75
orgueil 53
ouverture au débat 112

P

panachage 95
parité 106
pensée 161
perte de sens 30
planète 27
point d'équilibre 79
pression 13
progrès technique 26, 129

Q

QI 96
questionnement 22, 69

R

réalité augmentée 87
recrutement 105
réinvention 120
résistance 66
responsabilité 130
retournement 74
révolution digitale 155
révolutionnaire 14, 65, 119
rotation 107
RSE 131
rupture 11, 33

S

sens 144
  donner du 137
  perte de 30

Sigmund Freud 39
start-up 119
stéréotype 32
Steve Jobs 57, 64
succession 116
supplément d'âme 49
système financier 25

T

temps 163
transformation 81
transition érotique 104

U

Uber 121
ubérisation 17

V

valeur ajoutée 127
vision 152, 163

W

Warren Buffett 126

Y

yang 151
yin 151

Dépôt légal : août 2016
Imprimé en Allemagne par BoD